集人文社科之思　刊专业学术之声

刊　　名：社会建设研究

主办单位：清华大学公共管理学院社会组织与社会治理研究所

　　　　　东莞社会建设研究院

Social Empowerment Studies, No.8

社会建设研究（第八辑）

集刊序列号：PIJ-2014-115

中国集刊网：http://www.jikan.com.cn/

集刊投约稿平台：http://iedol.ssap.com.cn/

Social Empowerment
Studies No.8

社会建设研究

（第八辑）

社会科学文献出版社
SOCIAL SCIENCES ACADEMIC PRESS (CHINA)

卷首语

离年底不远了。结束 IDEAS 3.0 第一次小组活动，乘坐在返回航班上。

2015 年我们走出了"丛林"：从 NGO 研究所升级为公益慈善研究院。在民政部和清华大学的部校合作体制下全力推进公益慈善的学科建设和人才培养，不仅 Ci－lab 正式起航，基于 IDEAS 三次经验的"跨界创新型领导力行动学习项目"也已火爆登场，将于慈研院周年庆典之际在波士顿开启创新之旅。

3.0 在上海的第一次原型活动中，我加入了"健康生态小组"。7 位组员中包括 2 位政府官员、1 位国企老总、1 位民企老总、2 位高校老师和 1 位催化师。我们选择两条路径构建体验原型：一是探访健康医药企业和医院，体验健康产业创新之路；二是行走森林公园、滨江外滩，探访老洋房，体验健康生态创新之路。在我的倡导下，邀请一位微信群友洪俊和我一起行走徐汇。晚上的头脑风暴提出了包括硬件和软件在内的"原型"。硬件是一条 50 公里的"徐汇健康生态步道"，穿越城市森林公园、万人体育公园、滨江外滩、徐汇老洋房，按"简约、方便、统一"的原则打出"徐汇健康生态行"的绿色品牌。软件则包括：与腾讯公司合作，推动"徐汇日行公益捐"（徐汇万人日行万步、腾讯公益平台日捐万元）的公益活动；与"阿迪达斯"等知名运动品牌合作，定期举行"走马"（行走马拉松）公益活动等。原型虽粗糙，却创意满满。

《社会建设研究》也是一个富含创意的"原型"。日前，我们和 ARNOVA 合作在清华成功办了首期亚洲青年学者 SSCI 论文工作坊，来自美国的 4 位教授在两天时间里分享了他们多年担任学术期刊主编的经验，并点评了我们提交的 17 个论文选题，让与会者饱受批评且收获满满。这是提升学术论文和期刊水准的捷径。新的一年我们会继续举办类似的活动。

新的一年到了。这个由青年才俊主持的期刊开启了新的征程。期待并自信满满地注视着，也一定会收获更多的惊喜！

王　名

2015 年圣诞夜于返京途中

目 录

CONTENTS

地方实践

CONTENTS

▶ **Local Practices**

主题对话：社会福利与社会融合

老城平房社区中的流动人口社会融合分析：基于北京×社区的田野调查*

李岱璇　王天夫**

摘　要： 流动人口的城市社会融入一直以来是社会治理的重要研究议题，在社区层面考察这一问题可以弥补以往研究从宏观结构视角出发的不足。本研究在一个老城平房社区的个案中探索了这一议题，发现流动人口在社区的社会融入较为有限，本地居民与流动人口在生产生活方式、价值观念和文化模式等方面的巨大差异直接导致了这一现象。但流动人口仍然具有融入社区的结构性条件，商居混合空间格局提供了不同人群间互动的机会，并且社区内儿童群体成为带动本地居民与流动人口融合的触媒。这为建设和治理流动人口融入的老城平房社区提供了相应的启示。

关键词： 流动人口　社会融入　社区融合　老城平房社区　异质性社区

一　研究背景与问题提出

自 20 世纪 80 年代以来，随着城镇化进程的加速、流动人口不断增加，移民研究日益成为研究热点。2010 年第六次全国人口普查结果显示，中国流动人口规模达 2.21 亿人（国家统计局，2011）。与此同时，段成荣等（2013）也分析提出，当前我国流动人口偏好定居在城市，尤其是大城市，而非频繁更换居住城市或在城乡间进行来回往复的"候鸟式"迁徙。在这样的背景下，流动人口在流入地的社会融合无疑成为城市治理的重要内容之一。流动人口的社会融合问题，一方面是流动人口提高生存质量、构建

---

　*　本文系黄廷芳基金会"中新创新城市社会治理研究"项目与 2017 年度北京市社会建设决策咨询研究项目"北京市城市老旧小区社会融合研究"的阶段性成果。

**　李岱璇，清华大学社科学院社会学系硕士研究生；王天夫，清华大学社科学院副院长，社会学系教授、系主任。

地域认同、提升生活尊严，从而实现"人的城市化"的重要基础；另一方面也是保障流动人口建设城市的积极性与维护城市社会和谐稳定的重要条件。

已有对于城市流动人口社会融合问题的探讨主要是从制度安排、社会分层、社会政策、社会组织支持等角度进行的（张文宏、雷开春，2008；杨菊华，2009；崔岩，2012）。这些研究在范式上主要从社会结构、社会配置入手，但另有学者（渠敬东，2001）认为，这样的范式固然可以从宏观上把握流动人口在社会安排中的地位和处境，但不可避免地因为各种结构指涉而忽略了社会现实，所以有必要转入日常生活的层面进一步探讨。这一要求意味着不能仅将"流入地"和"流入地居民"视为虚化的地域概念和人群概念，而应将其具象化为流动人口与城市发生实际互动的场所和人群加以考察。

社区在本体论意义上，是流动人口与流入地社会文化发生互动的场所，是社会治理发生的中观社会情境；其在方法论意义上，则是我们观察流动人口与更广阔社会之融合的透视镜。不同社区类型呈现着不同的邻里特质与社区文化（李国庆，2007）。由此，在探讨流动人口的社会融入问题时有必要对其所处社区的情境进行探讨，以便在分析时纳入社区基层社会的治理环境。在流动人口社区研究中，已有文献主要将流动人口聚居区分为"同质性聚居区"和"异质性聚居区"（王旭、黄柯可，1998）。随着流动人口不断从聚居向混居转换（侯慧丽、李春华，2013），对"异质性聚居区"的研究就愈发重要。同时，张展新、侯亚非（2009）认为，流动人口聚居区也有必要按照社区体制分类：居委会型社区多在老城，以平房区和棚户区为主，作为流动人口与当地人口的混居区，具备城乡二元特征；而村委会型社区多在城乡接合部，即便实现了村转居，仍具有计划经济时代村集体遗留特征，不具备城乡二元典型特征，因此在讨论方式上要加以区分。

本研究选择的案例 × 社区位于北京市二环内胡同区，是北京老城内的平房社区。其近 1/3 的常住人口为租住的流动人口，约 2/3 为本地户籍居民。按照居住人群同质性程度分，该社区属当地居民与流动人口混居的异质性社区；按照社区体制分，该社区属于居委会型社区。本研究深入 × 社区的微观日常生活，试图分析该类社区中流动人口社会融合的现状及成因，探讨社区融合的可能突破点。作为一个地处北京内城的平房社区，该案例有其地理位置与空间格局上的特殊性，但该社区的社会生态体现了中国城市移民社区的共性，在一定程度上反映了居委会型异质性社区中城乡居民之间的典型关系。

二 文献回顾与分析框架

"社会融合"是个体和个体之间、不同群体之间，或不同文化之间互相配合、互相适应的过程（任远、邬民乐，2006）。追根溯源，社会融合理论源自西方国家，用以理解移民在城市中经济成就、行为适应、文化融合、身份认同等方面的过程和结果（杨菊华，2009）。在诸多理论流派中，以同化论和多元论为两大基本取向。同化论始自芝加哥学派，其基本假设是个体或群体互相渗透融合，最终各群体将被整合入一个共同文化生活（Park & Burgess，1920）。后经代表人物 Gordon（1964）和 Sauvy（1966）发展，二人均主张，移民经过数个阶段最终将在流入地被完全同化，完全融入主流群体。同化论受到了以多元论为代表的批评，后者主张多族群多文化并存的社会融合模式（Portes et al.，1980；Phinney，1990）。在这一脉络下，有学者进一步提出了区隔同化理论，认为美国移民表现出几种截然不同的融合意愿和融合模式（Portes & Zhou，1993）。

同化论的假设建立在现代——传统二元对立，传统流动人口较现代城市人口在社会文化上更为弱势的前提假设之上，而多元论的基本取向则是各人群在社会文化地位上处于平等关系。与上述理论假设的区别类似，有学者对"融入"和"融合"概念进行了辨析，认为前者是流动人口在经济、行为、文化和观念上单向融入流入地的主流社会体系中，后者是流入地文化和流出地文化的双向融会渗透，但对于流动人口而言，"融入"比"融合"更能体现"乡——城"人口流动进入流入地的原因、在流入地的状况和对流入地的影响（杨菊华，2009）。诚然，流动人口无力也无心传播家乡文化（杨菊华，2009）符合社会现实，但"融入"背后的另一层假设是，流动人口具有单向融入流入地文化的主观意愿或客观需要。或许是受到"融入"概念内涵及其上述潜在假设的影响，以往研究大多仅讨论流动人口社会融入和流入地对其社会排斥中的一个方面，而忽视了以二者互动的视角，同时考察流动人口的社会融入与流入地的整体社会融合（张展新、侯亚非，2009；石长慧，2016）。基于此，本文在构建分析框架时，同时关注流动人口的社会融入与流入地的整体社会融合两方面，使用"社会融合"概念，以概括同一过程的上述两方面。

由于流入地整体社会融合也集中体现为流入地人群间的双向融合，分析流动人口社会融入与流入地整体社会融合时，均可借鉴现有社会融合的考察维度。纵观国内外相关理论与研究，自芝加哥学派将融合过程分为经济竞争、政治冲突、社会调节、文化融合四方面（Park & Burgess，1920）始，至当前中国学界相关研究，考察维度大致可以概括为经济融合（经济状况、经济条件）、政治融合（政治参与、权益保障）、文化融合（价值观念、行为方式）、社会融合（互动、参与、交往）等客观维度，以及心理融合（身份认同）的主观维度（张文宏、雷开春，2008；杨菊华，2009；褚荣伟等，2014；崔岩，2012；周皓，2012；陆自荣、徐金燕，2014）。

上述维度下的研究大多关注宏观社会结构，具体到社区层面的社会融合则需要基于特定情境中的微观日常生活，对考察维度加以适当调整。在较为有限的社区融合研究中，有学者指出，融合理论具有宏观、中观和微观三个层次，其中，社区作为社会互动子系统处于中微观层次，社会互动及与之密切相关的文化适应、自我认同、个人政治参与、社区公共利益维护等在社区完成，而个人收入、职业、社会保障等经济地位既非社区互动内容，也非社区互动的结果。因而提出"社区融合去经济维度"，主张社区融合关注社区互动及由社区互动导致的相关结果（陆自荣、徐金燕，2014）。笔者认为，户籍身份及其影响下的市民权益和政治参与，同样受限于宏观制度而并不构成社区生活内容本身。因而，在基于社区互动的社区融合讨论中，本文着重关注社会、文化、心理融合维度，将经济和政治维度作为结构性因素分析。

综上，本研究将首先勾勒概括流动人口的日常生活组织形式，在此基础上从社会互动（人际交往和群体间关系等）、文化模式（不同群体的生活习惯、行为模式）和心理认同（心理和身份的适应、接纳和认同）的维度，同时考察城市流动人口社区融入和社区整体融合状况，将经济和政治维度作为理解中微观互动融合的结构性背景与制度性原因，并补充讨论其他方面的原因。

三　研究方法与田野概况

本研究采用人类学民族志方法，深入社区生活展开田野调查。考虑到社会互动发生的主要空间范围，研究选择的样本是作为邻里生活展开的地域共同体的"社区"，而非作为行政单位的社区。邻里概念取自"传统邻里发展模式"。该模式以邻里为社区的基本单元，强调交往空间、邻里单元和传统街坊对社区和谐的重要性，主张回归传统的社区生活方式（陈俊峰，2012）。

×社区位于北京二环内，靠近老城商业区，归属 D 街道管辖，为老城区的传统胡同社区。主要覆盖东西走向的 M 街、Z 胡同、T 胡同、C 胡同和 Y 胡同，连接起上述胡同的南北走向的 S 街及其旁支小胡同。空间用途有商有居，以居为主：民居为多数空间用途，包括本地户籍居民和租住于此的外来流动人口（多为农村户口）在内的常住人口在此展开日常起居及社会邻里活动；商业空间主要为流动人口生产经营的生活服务类商业和旅游业，分别由常住人口与游客消费。其中，S 街商业密集，是整个 D 街道生活服务类商业集中地，商品或服务类型涵盖衣食住行等生活必需品，生产者主要为租住在×社区的流动人口，消费者主要为 D 街道居民及工作人员。社区内有 T 小学，其生源主要为 D 街道流动人口子女。可以说，×社区既覆盖了平房社区的典型居住区，又涵盖了社区商业中心，是内城平房社区的典型样本。

同时，该社区也是流动人口聚集区中居委会型异质性社区的典型代表。基于 2013 年 D 街道人口普查数据，D 街道常住人口约 3 万人，包括人户同在（49.7%）、人在户不在（17.4%）的北京户籍居民和外地流动人口（32.9%），呈现本地居民与流动人口混居的社会人口结构。居委会型流动人口聚居区往往有贫困化区位特征，随着较为富裕的本地人不断外迁，留在原社区居住的多是普通职工或下岗失业者，而流动人口的进入或为社区贫困化的原因之一（张展新、侯亚非，2009）。×社区也具备上述典型特征，自 80 年代以来，随着流动人口不断进入，当地年轻人口外迁，如今社区内本地居民年龄结构老化且经济条件较差。当前，对此类社区的研究数量有限，对×社区的考察能够予以补充。

经过长达 7 个月的社区工作与 3 个月的居住，笔者以局内人与局外人的双重身份和主位、客位的双重视角深入了解了当地社区的社会生活生态，挖掘了社区日常社会生活的逻辑。具体方法方面，本研究主要通过开展半结构式和开放式深度访谈、参与式和非参与式观察的田野调查方法，收集并分析了社区本地居民和流动人口的社区生活与融合状况。

四 流动人口的社区融入

流动人口的社区融入是城市流动人口社区融合讨论的主要方面。在社区场域中，我们能够基于日常生活和社会互动理解流动人口的城市化状况和融入情况。在老旧平房社区中，与本地人口混居的流动人口的融入状况如何？其主要影响因素有哪些？本文对此展开分析。

（一）流动人口素描：围绕家庭或雇佣单位展开的日常生活

由于位处内城的地理位置、低廉的房租和附近繁荣的旅游市场，胡同区吸引了大批来自各地农村的外来务工人员租住谋生，呈现出文化、生活方式及业态的混杂。

流动人口在×社区的日常生活由生产和生活两部分构成。他们大多租住于×社区并在附近从事生产活动，以社区生活服务业和旅游服务业为主。按照生产生活组织单位划分，多数流动人口为自雇佣的个体经营者，以家庭为单位展开生产生活活动；部分则受雇于公司，以公司雇工集体为单位展开生产生活活动。

个体经营者以中青年为主，夫妻双方大多共同经营，大部分携子女在京生活，少部分中青年的父母在京一同经营或帮忙照看孙辈。由于流动儿童无法在京就读高中，多数流动人口家庭选择让子女在京就读小学，返乡就读初中，以便适应老家初升高考试。因此，绝大多数平房社区的流动儿童年龄在12岁以下。他们的主要经营类型有小餐馆、旅馆、农副产品供销、烟酒副食、旧物回收，在近商业旅游区的胡同，相当数量的流动人口经营旅游纪念品商店。个体经营者家庭月收入从五六千元到三四万元不等。居住地点主要为两类：门脸/商铺内部开辟出的居住区域和大杂院中的出租屋（10平方米平房租金为1500~2000元）。

雇用工人以中老年为主，大多脱离家庭单干，与工友同吃同住同劳动，食宿一般由雇佣单位免费提供。主要职业类型有保洁、保安、装修工人和大型饭店服务人员等。雇工人均月工资依工种而有所差异，一般为1500~4000元。其居住地点主要是公司提供的集体宿舍。

总体来说，无论工作或生活，家庭或雇佣单位是流动人口展开其日常生活的主要场所。

（二）社会互动：业缘亲缘交往为主，地缘交往有限零散

社交活动与娱乐生活方面，绝大多数流动人口平均日工作时间超过 12 小时，相较于本地居民而言，社交娱乐时间有限，社区活动参与较少。但其社交、娱乐活动类型，也依据生产生活单位的不同而呈现不同特征。

对于以家庭为单位的个体经营者，主要的社交活动有三类：家庭内部及同村熟人圈子内的社交活动、与邻里的点状社交活动和少量社区内亲子活动。以 1998 年来到×社区的许姨为例，她同丈夫一起在×社区靠近商业区的街边经营十元店，儿子就读于 T 小学。在接送儿子上下学、进货、看店、料理家务之余，其社交活动主要包括：去同在 D 街道开店的表兄弟家串门，与已经成为"好姐妹"的一两位隔壁杂院北京本地邻居闲暇时去西单逛商场，以及陪同儿子参加社区儿童活动等。总体而言，个体经营者的社区活动参与有限，所参与的社区活动主要与儿童有关。

而个体经营者子女（流动儿童）的社会交往及融合则相对较强。由于基本就读于同一所学校，放学时间较早而父母大多仍忙于工作，同一社区的流动儿童课余时间交往频繁。狭小的平房室内空间使多数儿童放学后集中在胡同及附近公共空间玩耍，社区融合感因此而相对更强，流动儿童家长也得以因此扩大社会交往范围。

对于以雇工集体为单位的务工者，其社会互动集中在单位内部和（单位）宿舍内部，闲暇活动类型主要为在宿舍玩手机、聊天、打牌等，其与社区居民发生的实质性互动和社区活动参与很少。高姨在 M 街南邻一家大饭店做洗菜择菜工：

> 我们宿舍就在［饭店］二楼，下班大家基本就在宿舍里边休息了。有时候聊聊天什么的，我年纪大了也不像他们小年轻的天天看手机，有时间就给老家挂个电话。你说的那些舞蹈队啊什么的活动，我一个是没时间，一个是也没太大兴趣。现在这样就挺知足了。

概而言之，实质性的社会交往活动主要在基于亲缘的家庭或基于业缘的同单位工友群体内部展开，同质性的亲缘、业缘小圈子是流动人口日常社会互动的主要展开范围。同时，部分个体经营者与少量左右邻居（包括本地居民与流动人口）成为定期交往的好友，或因热心子女学习成长而与

其他家长建立社会联系。这两种社会交往方式仍然呈现交往范围有限、交往对象零散的特点，并大多发生在有子女就学于当地的个体经营者群体。

（三）心理认同：总体较低，具体因工作类型、居住时长、年龄而异

由于户籍制度的限制、社会保障的不完善、社会交往的有限性以及较强的流动性，流动人口的身份认同大多仍为"外地人"，在地社区认同感与主观融入感较低。不过，认同感仍呈现出一定分异，一般而言，服务于本地居民、居住时间较长以及年龄在 15 岁以下的流动人口，对社区的认同感更强。

流动人口生产活动的消费者为社区居民（包括本地居民与外来常住人口）与游客，分别消费生活类商品服务和旅游类商品服务。旅游业属飞地性商业，营利工具性目标更强，而生活类商业服务于在地居民，经营者在生产服务过程中，与本地居民有更多社会互动，更具服务本地的主人翁意识，因而对社区的情感与认同感相对更强，如一位来自河北农村的保安所言：

> 北京人有时候看不起我们保安，但是我们也是为这里的治安做了贡献，我们也是为社区服务的。我当然是这里的一分子。

在当地租住、谋生时间较长的流动人口，明显有更强的认同感与融入感。2016 年下半年才从山东老家来到北京的王哥经营干果店，消费者主要为社区居民，他对社区尚未形成认同感，"邻里关系？没啥关系。反正就是赚够钱回老家呗。"马叔夫妇在 2009 年至 2017 年于×社区经营一家早餐店，不少本地居民每日光顾，虽然认同感仍然较为有限，但对社区有一定情感。

> 笔者：您觉得这条街对您来说有什么意义？
> 马叔（流动人口）：哈哈。什么意义？
> 笔者：第二个家？
> 马叔：我们在这里没有家的存在感，不一定什么时候要搬。时间长了还好点。

笔者：感觉您和周围邻居关系也挺好。

马叔：关系是挺好，时间长了都一样。两三年差点事儿，我是 2009 年来的。在哪个地儿时间长了都一样。

相较于社会生活、文化习惯已基本固化的成年人，流动人口子女由于年龄尚小，社会适应与文化学习速度较快，尤其是在北京平房社区出生以及自幼随父母来到北京的流动儿童，"跟北京孩子没什么两样"（本地居民张姨）。不少流动儿童自幼生长在×社区，"现在是完全适应了这里的生活。反倒是每年春节回老家，还得花上一段时间才能习惯那边。"（流动人口满哥）

（四）有限融入的原因：基于制度背景与人群特征的多维排斥

无论是社会交往方面的客观社区融入，抑或是社区认同方面的主观社区融入，流动人口的社区融入范围与深度都比较有限。同已有研究类似，调研发现，流动人口常常受到制度、政策、经济、社会、文化等多维度的排斥，相对于本地居民而言，在社会生活、心理认同等方面的社区融入更低，城市社区形成了本地居民与流动人口的新二元结构。究其原因，主要有宏观制度政策和中微观人群特征两方面。

1. 制度政策的宏观排斥

宏观制度方面，作为基本制度背景的传统城乡二元户籍制度对流动人口构成了社会制度结构性排斥。流动人口是二元户籍制度的产物，社会福利与社会保障缺失严重，处于边缘化位置。这不仅在客观上降低其风险抵御能力，加强了其流动性；另外，福利待遇上的社会不平等也在主观上弱化了其本地认同。

相关政策进一步阻碍了流动人口的社区融入。自 2016 年下半年以来，×社区先后加大了封墙堵洞、严禁公房出租等胡同治理力度。自 2017 年以来，在北京市疏解非首都功能与控制人口的政策形势下，平房社区流动人口疏解工作的范围与强度进一步加大，流动人口社区隔离程度有增无减。据本地居民介绍，通过严查公房出租行为，短短 3 个月时间，一条胡同的外地人走了一半。

除了政策排斥，二元户籍制度和城乡差异也构成了流动人口与本地居民经济职业差异的基础。以个体经营和雇佣劳动为主的职业类型，以及其有限的经济收入、较长的工作时间等职业特点，则是下文将叙述的流动人口在社区日常生活中的群体特征的结构性基础。

2. 流动人口的自我区隔

人群特征是流动人口社区融入感较低的重要原因，主要包括三个方面。

一是流动人口的生产生活方式：工作时间长、工资收入低、工作环境差，且主要活动空间围绕个体经营者家庭或雇工单位展开，而并无正式组织或非正式组织承载其活动。

二是流动人口的社会文化特征。流动人口与当地居民具有不同的作息时间、生活方式、经济社会地位、文化行为习惯、语言系统等，与在经济、社会、文化各方面同质性更强的人群交往更加密切，社交活动主要基于亲缘、业缘展开，基于地缘的社会交往较少。流动人口有限的地缘社会交往主要表现为，社区公共事务参与度极低、社区社会组织活动参与少，以及与本地居民联系有限、交往零散。这种封闭式交往模式进一步阻碍了流动人口的社区融入。

三是流动人口的心理动机。调研中，绝大多数流动人口出于经济理性动机，在同村亲戚老乡的介绍下进京，计划在积累足够的经济资本与社会经验后返回老家。虽然在城乡尺度下，流动人口长期旅居城市，"候鸟式"特征并不明显，但在社区尺度下，其"过客"身份不仅得到了流动人口的认同，也成为本地居民为流动人口贴上的标签之一。在宏观社会制度和人群社会特征的交互影响下，这种主观心理动机不断得到强化，加剧流动人口与城市社区的疏离，阻碍其社区认同感与归属感的形成。

除制度政策与流动人口社会、文化、心理特征外，本地居民对流动人口的刻板印象与社会排斥，也加剧了流动人口的社区排斥与自我隔离。后文将集中探讨这一问题在社区层面的具体状况。

五　流入地的社区融合

流入地社区的整体融合，以当地居民与流动人口的群体间关系为核心内容。在×社区的田野调查发现，总体而言，本地居民与流动人口之间区隔明显，部分北京本地居民对外地人有明显的歧视与排斥情绪，两个人群间兼有少量矛盾冲突，但远未形成群体对立。下文将着重探讨当地居民与流动人口之间的不同关系类型及融合程度，并分析主要影响因素。

（一）人群区隔与社区失落：基于流动人口进入与人群社会文化差异

对于社区整体而言，流动人口客观上成为弱化社区感的重要因素。胡同社区原有社会结构的主体是北京户籍居民，原有社区呈现城市社区中难得的人情社会特征。本地居民普遍认为，自20世纪80年代末开始流入的流动人口破坏了社区原有生活秩序和生活方式，冲淡了胡同的感觉。与之相伴的外来文化、外来生活、行为方式的进入，使本地居民再也感觉不到"系统的生活氛围"（本地居民小肖），对胡同的认同感也有所降低。

> 王大爷（本地居民）：都四分五裂了。都是新搬来的，就我们这点儿老的了。

对此，典型的归因便是流动人口的入侵与破坏。

> 小肖（本地居民）：现在加了很多外来人，但是他们不愿融入这个环境里面来，他们想用他们自己的生活方式去生活，我们（就）有种破坏感。
> 我们之间没有什么信任可言。我不了解你啊，你可能住三个月就走了呢？我怎么给你信任啊？甚至说，我们家的一些事我不让你知道。因为平房是没有隐私可言的，那墙挨得非常近，肯定会有这种戒备心理。我觉得这是人啊，这是很正常的。不可能谁来，我都把我们家情况啪啪说出来，戒备心理肯定有的。
> 我有时候一回家，说实话，满胡同跑的就都是外地小孩。其实因为我们也是从"熊孩子"那个阶段经历过来，我们那时候也是追跑打闹，各种调皮捣蛋，但是说实话，因为我们受的教育是要有规矩。你可以淘，但是你要有规矩。这两个听起来好像很矛盾，但是是可以并存的。但是现在很多外地人说实话没有规矩。

总体来说，"不打交道"是两个群体间关系的主要形式。普遍的人群间区隔和本地居民感受到的社区失落具有相似的原因：两个群体间社会文化无法消除的差异。首先是生活作息不同，流动人口早出晚归，即便与本地居民同院居住也较少见面。其次，两个人群在生活习惯、文化素质和价值观念方面的差异，往往导致社会区隔甚至引发矛盾。这种差异一方面是传统乡村文化与现代城市文明的差异，另一方面建立在两个人群不同的精神气质与目标追求上。流动人口以赚钱为目的，流动性较强，本身对社区认同感与维护意识比本地居民更低。北京本地居民，尤其是受八旗遗风影响的老北京，形成了提笼架鸟、好逸恶劳的生活习惯与精神气质，不齿劳动者，尤其是从事基础服务行业的农民工。矛盾导火索主要为流动人口某些生活习惯对本地秩序、公共卫生与社区安全的妨碍或破坏，如：走路不礼让，当街泼水，随手丢垃圾，不使用敬语，占用或破坏胡同及院内公共空间，流动儿童淘气乱跑、不懂礼貌等。

（二）社区秩序的破坏者：社会经济地位与受教育程度较低

如前所述，内城平房社区多呈现贫困化特征，不乏破坏社区秩序的各类越轨行为。×社区中，在会否破坏社区治安、诱发社区冲突上，户籍所在地并不具备较强解释力。无论是本地居民还是流动人口，社会经济地位与受教育程度较低者更易与邻里产生冲突，较高者则能在互相理解包容的基础上维持基本邻里和谐，而前者集中表现为无业和贫困人口。

> 马叔（流动人口）：有的北京人，觉得自己了不得了那样，看不起外地人。其实我跟你讲，他们什么都没有。除了有个房子，他们什么都没有。我们这叫自食其力。他们就是靠着那点低保，靠着那个房子，整天混日子，还到处惹事。

部分受教育程度较低却有地域优越感的本地居民，常常对流动人口出言不逊。田野调查者和研究者数次观察到本地居民与流动人口争吵对骂的场景。

与本地居民的分异类似，流动人口同样并非铁板一块。有的流动人口工作固定，本分挣钱，能够主动理解本地人的生活文化习惯，有的则好吃懒做，蛮不讲理。

> 海大爷（本地居民）：有一小半儿外地人就是不行，好多还是小伙子，也不学好，净干些偷鸡摸狗的，不像有的人自己出力挣个钱。

（三）社区融合的可能：商居共生与儿童融合

在×社区中，也能发现不少本地居民与流动人口之间的互动与融合，其主要发生条件为商居共生的空间格局和儿童作为触媒的群体活动。

1. 商居共生空间

S街是商居混合空间，也是整个D街道的社区商业服务中心，其消费者以社区居民为主，常见门脸有菜市场、水果店、小超市、洗衣店、衣物修补店、理发店、小餐馆、副食店等，基本没有旅游服务业。

由于15分钟生活圈内基本没有其他果蔬粮油集中供给地，本地居民大多出于生活便利就近购买。而作为主要经商者的流动人口，在存在同类商业竞争的情况下，极度依赖本地居民尤其是回头客的长期光顾。因此，生产者和消费者之间形成了有机共生的关系。

此外，大多数经营者在社区内居住时间较长，积累了一定的社会资本，形成了一定的社区认同感。访谈过的6位经营者中有5位已在此居住经营10年以上，对社区情况非常清楚，并且"和附近居民都有感情了"（流动人口袁姨）。同时，如前所述，经营状况常取决于熟客的多少，社区关系良好与流动人口经营成功之间相互促进。在此基础上，流动人口与本地居民更有可能互相接纳乃至互相帮助。

> 满叔（流动人口）：我们在这边处得关系挺好。我们家孩子今年12岁，当时上学不够年龄。邻居帮着找主管幼儿园升小学的一把手，叫他写了一封信，递给那个老师。那老师一看这封信，就没问题了。就是我住这里的邻居。本地人找他，他也不会给写。
>
> 笔者：那您也之前肯定帮过他一些事情。
>
> 满叔：不不不，咱能帮人什么？咱什么也帮不了。就是因为我们关系好。就是真诚地对待人家就行。

日常生活依赖S街商户的本地居民对于流动人口也比较包容。虽然本地居民仍然将流动人口视为外地人，人群分异也长期存在，但在没有利益冲突的情况下，两个人群间能够互相尊重并维持融洽关系。面对因公房不能租用而不得不离开的商户，有的本地居民还因习惯性消费及与商家的良好关系而感到不舍。

　　李叔（本地居民）：这些餐馆啊，（卖）水果的，这不我们相处的关系都挺好的。

　　笔者：我觉得 S 街吧，它不同于其他胡同的地方就在于，它相当于是 D 街道的大动脉吧。因为感觉甭管是本地人外地人，都得靠这些生活，买菜啊什么的。

　　李叔：对对对！因为它有一个共融的地方就是什么呢，互相依托互相依靠。比方说，北京人，有的老人儿，早上就喜欢吃那大火烧夹油饼，里面搁点儿咸菜，过去有的加点酱豆腐什么的，这都有。他想吃这口，只能他那儿有，别地儿没有了。其实本地人首先生活离不开的就是吃。

　　笔者：您觉得他们算街坊吗？

　　张姨（本地居民）：这不好说……反正户口都在外地呢。不过我们跟他们关系还算融洽，说话都挺好的。

　　笔者：我觉得大多数 S 街上的人都挺随和的。

　　张姨：对对。还有，我看街道（社区）对他们也挺照顾的。要搞个什么活动了，他们也戴个袖标，也给他们发个志愿者的衣服，没拿他们当外人。有的人参加那社区活动，也有那外地人。像我们那有个练太极的太极班，成立有几个月了。就有个外地的女的，在这租房，但是（是）新来的，咱没了解做什么的。要么是做买卖，要么是她家里人做买卖，她反正是参加了我们那个活动。像有时候街道组织小孩的活动，叫什么来着，亲子活动，也叫上他们。

2. 儿童作为触媒

流动儿童往往是本地居民与流动人口互助关系建立的桥梁纽带。

　　一种典型情况是，街坊邻里对流动人口低龄儿童的喜爱与看护成为两个人群融合的突破口。例如，M 街早餐店马叔 3 岁的小儿子二宝在胡同出生，非常讨邻里喜爱。父母忙于生意时，二宝大多由隔壁院的本地居民照看，二宝的不少衣物也来自本地居民；而二宝的父母也常常会给邻居送水果与鸡蛋。

　　另一种更典型的情况是，在学流动儿童往往成为社区融合与人群沟通的媒介。D 街道学龄儿童多就学于 T 小学，该校流动儿童占多数，S 街商户大多有子女在此就学。一方面，街道社区对流动儿童密集这一社区特点充分重视，居委会在 T 胡同专门设置了流动儿童教育服务项目，以促进流动儿童的社会适应。另一方面，在流动儿童与本地儿童日常交往中，在学流动儿童与本地儿童之间的关系构建，促进了社区整体融合。

张姨（本地居民）：我们孙女原来在这上小学的时候，一个班里二十几个（学生）吧，就五六个北京的。其他外地的，哈哈。

笔者：班里同学关系怎么样？

张姨：关系挺好，她跟原来那个卖粮食的，T 胡同口卖粮食的那个，他们家姑娘跟我孙女一个班。后来因为她是外地小孩，回家上中学了，这已经三年了。跟她特好，有时候她（我孙女）妈那有什么票啊，就带着她去，玩去啊游泳啊，就带他们家孩子去。都一样，跟北京孩子都一样。小孩儿啊，一块上学的都是同学，没有外地人本地人这分别，不歧视。

六　结论与讨论

老城平房社区×社区属于流动人口聚居的异质性社区，在社区体制上属居委会型社区。通过对其整体生态与日常生活的考察，本文发现：一方面，流动人口的社会融入较为有限，这与流动人口进入后的社区衰落和碎化同源，其背后有来自社会制度的宏观原因，从微观层面看，社区内本地居民与流动人口在生产生活方式、价值观念和文化模式等特征上的巨大差异也加剧了流动人口的融入难度。另一方面，流动人口在一定程度上仍然具有融入社区的结构性条件。其一，老旧平房社区开放性的商居混合空间格局，提供了不同人群间互动的机会，并且从功能上保证了彼此的互相依赖；其二，尚处于早期社会化过程中且极大依赖同侪交往的儿童，并未因户籍所在地而呈现较大群体差异，因而成为带动本地居民与外来人口融合的触媒。

本文的发现也能够为流动人口融入和流入地社区建设提供一定的治理启示。在治理观念上，要避免单一功能的社区规划，而是将流动人口与城市社区的双向互惠作为前提。对于流动人口而言，老城平房社区由于生产生活地域的重叠，具备有利于社交互动的空间条件，相比其他社区类型，为流动人口及其家庭的城市化提供了更好的条件。而对于社区而言，流动人口为居民的日常生活提供了大量的便利服务。因此，社区治理要尊重不同社区成员在劳动分工、社区生活等方面的差异，并以此为基础探索社区有机共生的可能结构，打造多元人群共生的开放社区。在实际操作层面上，社区治理应当充分挖掘利用社区内资源，发挥基层政府、社会组织、社区内中小学及其他教育机构等多元主体的作用，比如探索依托于社区的流动儿童与本地儿童融合项目，从而激发各类群体在项目参与中实现共融共生。

参考文献

褚荣伟，熊易寒，邹怡（2014）：《农民工社会认同的决定因素研究：基于上海的实证分析》，《社会》，34（4），25 - 48。

崔岩（2012）：《流动人口心理层面的社会融入和身份认同问题研究》，《社会学研究》，（5），141 - 160。

段成荣，吕利丹，邹湘江（2013）：《当前我国流动人口面临的主要问题和对策——基于2010年第六次全国人口普查数据的分析》，《人口研究》，37（2），17 - 24。

国家统计局（2010）：《2010年第六次全国人口普查主要数据公报（第1号）》. http://www.gov.cn/test/2012 - 04/20/content_2118413.htm.

侯慧丽，李春华（2013）：《梯度城市化：不同社区类型下的流动人口居住模式和住房状况》，《人口研究》，37（2），83 - 92。

李国庆（2007）：《社区类型与邻里关系特质——以北京为例》，《江苏行政学院学报》，（2），59 - 65。

陆自荣，徐金燕（2014）：《社区融合测量的去经济维度？——兼析"整合"与"融合"的概念功能》，《广东社会科学》，（1），214 - 221。

渠敬东（2001）：《生活世界中的关系强度——农村外来人口的生活轨迹》，《都市里的村民——中国大城市的流动人口》，北京：中央编译出版社，40 - 70。

任远，邬民乐（2006）：《城市流动人口的社会融合：文献述评》，《人口研究》，30（3），87 - 94。

石长慧（2015）：《社会融合：概念、理论及国内外研究》，《城镇化与国内移民：理论与研究议题》，北京：社会科学文献出版社，37 - 57。

王旭，黄柯可（1998）：《城市社会的变迁》，中国社会科学出版社。

杨菊华（2009）：《从隔离、选择融入到融合：流动人口社会融入问题的理论思考》，《人口研究》，33（1），17 - 29。

张文宏，雷开春（2008）：《城市新移民社会融合的结构、现状与影响因素分析》，

《社会学研究》，（5），117 – 141。

张展新，侯亚非（2009）：《城市社区中的流动人口：北京等 6 城市调查》，北京：社会科学文献出版社。

周皓（2012）：《流动人口社会融合的测量及理论思考》，《人口研究》，36（3），27 – 37。

Gordon, M. M. (1964) . *Assimilation in American Life*. Oxford University Press.

Park, R. E. , & Burgess, E. W. (1920). *Introduction to the Science of Sociology*. The University of Chicago Press.

Phinney, J. S. (1990) . Ethnic Identity in Adolescents and Adults：Review of Research. *Psychological Bulletin*, 108 （3）, 499 – 514.

Portes, A. , & Zhou, M. (1993) . The New Second Generation：Segmented Assimilation and Its Variants. *Annals of the American Academy of Political & Social Science*, 530 （1）, 74 – 96.

Portes, A. , Parker, R. N. , & Cobas, J. A. (1980) . Assimilation or Consciousness：Perceptions of U. S. Society among Recent Latin American Immigrants to the United States. *Social Forces*, 59 （1）, 200 – 224.

Sauvy, A. (1969) . *General Theory of Population*. Basic Books.

Social Integration of Floating Population in Inner-city Communities of Single-storey Houses：Based on the Case of Beijing X Community

Li Daixuan, Wang Tianfu

Abstract：The urban social integration of floating population has always been an important research topic of social governance. An investigation at the community level adds to the current studies which are mainly under macro-level structural perspective. This study explores this issue in the case of a community of single-storey houses in inner-city. It is found that the social integration of floating population in the community is rather limited. Vast differences between local residents and the floating population in terms of ways of production, lifestyle, values and cultural patterns have led to the phenomenon. Yet there are still structural conditions for floating population to integrate into the community. In terms of the spatial function, a mixture of commercial and residential use provides opportunities for interaction between different groups of people. In addition, children in the community has become the catalyst for integration between local residents and floating population. This offers insights for the social governance of inner-city communities of single-storey houses with floating population.

Keywords：Floating Population；Social Inclusion；Social Integration；Inner-city Community of Single-storey Houses；Heterogeneous Community

（责任编辑：罗婧）

拆迁安置社区农民养老服务体系构建研究

——以 S 市 L 社区为例*

秦子茜**

摘　要：在中国，人口老龄化已经成为我国社会发展需要重点关注的问题，对于养老需求的服务不足已成困境，亟待解决。并且随着我国城镇化进程的不断加深，很多靠近城市的农村、集镇被政府的政策所裹挟，形成了很多我们所谓的"过渡型社区"及"拆迁安置社区"。本文分析了拆迁安置社区的特点及失地农民养老服务现状，从日常生活、医疗卫生、精神慰藉、人才供给、政策保障等方面对 S 市 L 社区失地老人的养老服务现状进行了实地调查与访谈分析。指出拆迁安置社区养老服务面临的多重困境，例如工作人员行为失范、日常生活需求得不到满足等，并总结经验，以期构建良好的养老服务体系。

关键词：拆迁安置社区　社区养老　养老需求　服务体系

一　问题的提出

2018 年 1 月，国家统计局发布的数据显示，2017 年末，我国城镇常住人口 81347 万人，比上年末增加 2049 万人；城镇人口占总人口比重（城镇化率）为 58.52%，比上年末提高 1.17 个百分点。3 月，国务院总理李克强作政府工作报告提出：预计到 2020 年，常住人口的城镇化率将会提高到 60%、户籍人口的城镇化率将会提高到 45%。我国的城市化进程大大加快，与此相伴的是，大量原先生活在农村的农民开始"上楼进城"，出现了农村拆迁安置城市社区。

---

* 本文系教育部人文社会科学研究青年基金项目"新时代共建共治共享养老服务体系构建与治理机制研究"（项目编号：18YJC840053）的阶段性成果。

** 秦子茜，苏州大学政治与公共管理学院硕士研究生，研究方向为社会治理与公众参与。

对于拆迁安置社区，学界没有一致的定义，通常认为，在城乡一体化进程中，由于土地被征用，原居住地的职能改变，政府对此类失地农民实施物质补偿，形成以政府为主导的住宅区。拆迁安置社区也被称作"过渡型社区"，这就意味着此类型的社区具有一定的过渡性。在中国城镇化的不断演进发展过程中，这类型的社区虽然具有一定的城市社区的特色，但仍然保留着一些传统的农村社会属性。此类社区中的老年人口占比较高，人员组成较为复杂（刘祖云、李烨，2017）。

中国最新人口数据显示，60 周岁以上的人口占到总人口的 17.3%，其中 65 周岁以上的人口占总人口的 11.4%，预计到 2020 年我国 60 周岁以上的老人将达到 2.43 亿，约占总人口的 18%。随着中国老龄化形势的发展，传统的养老方式已经不足以支撑日益膨胀的养老需求。习近平总书记在十九大报告中提出："要让所有的老人都能够老有所养、老有所依、老有所托、老有所乐、老有所安。"由此可见满足老年人的需求，尤其在拆迁安置社区中，老人比例和人员构成更加复杂，如何构建符合此类社区的养老服务体系和治理机制显得格外重要。

在对拆迁安置社区失地农民养老服务现状的调查研究中，笔者发现了许多问题：相较于传统的家庭养老，失地农民对于社区养老的心理接受能力不强；社区养老服务类型少，覆盖面窄；老年人由于知识水平低，认知能力有限，对社区养老项目知晓度不高，并且老年人对于购买养老服务的普及度不高，这在很大程度上限制了老年失地农民对于社区养老的接受度，造成社区养老服务供需不平衡。

二 文献评述与研究方法

传统的福利多元主义理论鼓励引入非政府力量来弥补政府功能的缺陷，加强其他部门的福利功能，反对过分强调政府的唯一主导作用，进而主张发展一种多元混合的福利制度（田北海、钟涨宝，2009）。养老问题作为社会福利问题的一项分支，需要多个主体共同发挥作用。大量研究已经从社区、社会（市场）、政府等不同的角度去分析养老服务提供方式的各种组合（孙思，2016）。从福利多元主义理论出发，借鉴其他发达国家和地区的经验，我国失地农民的社区养老服务更应该重视多元化供给主体的引入和推广（谢勇才，2015）。近些年，社会福利社会化成为我国社会福利政策的主要发展方向，2000 年 2 月，国务院办公厅转发了民政部等 11 个部委《关于加快实现福利社会化的意见》，大致肯定了民政部关于推进社会福利社会化的总体要求："投资主体多元化"、"服务对象公众化"、"服务方式多样化"、"服务队伍专业化"（丁煜、杨雅真，2015）。对失地农民的养老需求以及养老服务需要进行全方位、多角度地切入，展开分析，有针对性地提出一些建议，进而促进失地农民社区养老服务联动供给机制的建立，推动社会福利社会化趋势的不断发展（黄春梅，2018）。

本研究主要选取 S 市 L 社区作为典型拆迁安置社区进行案例研究，对 L 社区三区、五区、六区、七区中的老人和工作人员进行了深度访谈和参与式观察，接受采访的人员（包括老人和工作人员）有 20 人，重点分析老人的差异化需求和养老服务的供给模式。

三 S 市 L 社区养老需求分析

L 社区于 2006 年建立，是 S 市较早的一批典型的拆迁安置社区，社区中设有一站式服务中心、社区卫生服务站、社区养老院、老年人活动室等。随着经济社会的发展，老年人对于养老服务的需求与日俱增。

（一）失地农民对基本生活的需求分析

1. 老年人对于日常生活照料要求的多样化与高质量化

社区日常生活照料是为了让老年人继续独立生活在自己家里或是似家的环境中而提供的各种支持服务，其形式主要分为上门服务、日间服务中心照料以及暂歇照料。服务的内容主要包括人身照顾、送餐服务、家务协助、家居环境改装等。

在调查的过程中，我们把老年人分为三类：身体硬朗，活动能力较强的老年人；腿脚不便，行动能力较差的老年人；基本丧失自理能力的老年人。不同的老年人对于生活照料的需求有所不同。

对于身体硬朗的老人而言，他们的日常生活基本可以自理，他们更多需要的是再就业机会。除政府给予失地农民的基本土地补偿款以外，他们希望拥有一份临时的兼职工作，获取更多可以自由支配的收入，提高自己的生活质量和水平。

对于行动能力较差的老年人而言，他们的自理能力较差，需要日间照料服务、老年人餐点配餐服务、上门服务与小时工清洁服务。这些失地老年人需要有人在白天长时间的生活照顾，帮助他们打扫家庭卫生，换洗衣物等。

而基本丧失自理能力、无子女陪伴的老年人，需要社区养老院提供全天候、全方位的日常生活照料，包括生活起居、衣食住行等。

由此可见，拆迁安置社区失地农民的养老需求渐渐地趋于多样化，朝着高层次与高水平方向发展，维度不同，需求也有所不同。

2. 老年人对于医疗护理工作要求的精细化与专业化

社区卫生服务作为城镇医疗体制改革的重点内容，已经在全国范围内完成了试点工作，并且顺利迈入框架体系建设时期。拆迁安置社区中的社区医疗服务体系应当提上议事日程，满足社区居民的基本医疗需求。

失地老年人对于社区提供的基本医疗服务、问诊上门服务、康复保健室和家庭病床安置服务等均有较大的需求。老年人的身体状态随着年岁的增长每况愈下，患病的概率越来越大，特别是慢性病患者的数量在老年群体中占比居高不下，例如心脏病、高血压、糖尿病等疾病在这些老年人中是非常普遍的，这在客观上需要社区相应的医疗卫生站提供相应的医疗护理服务。从另一个方面来看，相对于年轻人，老年人对于患病的恐惧心理还是比较强烈的，所以对于身体健康预防、就医治疗尤为关注，他们对充足的医疗护理服务以及减轻医疗费用方面的需求更为急迫。

3. 老年人对于多样精神生活和针对性心理保健的向往

拆迁安置社区的失地老年人在拆迁之前多为务农，其受教育程度普遍较低，文化水平不高，社区图书馆里的报刊只有极少数人翻阅，大多数老年人需要有人陪同阅读或者通过口述的形式告知他们当前社会上发生的一些新闻事件。相反，这些老年人对于棋牌麻将室、老年活动中心等设施的兴趣还是非常浓厚的，这些活动场所的利用率普遍较高。世界卫生组织对于人的健康最新的理念是：健康，并非仅仅是指身体没有疾病，还应包括心理健康以及社会交往方面的健康。现阶段对于这些老年人而言，心理保健需求也是非常迫切的，有些老年人的子女常年在外打工，无人陪伴，造成老年人孤独感、冷落感急剧上升；或者是一些老年人虽然与儿孙子女生活在一起，但是由于沟通交流上的问题以及生活习惯上的差异，老年人内心的被排斥感加剧，容易产生"被社会抛弃"的非健康心理观念。对他们进行心理疏通与保健的服务也很迫切。

(二) 失地农民对专业养护服务人员的需求分析

1. 老年人对于社会工作者的需求量日渐增长

社区社会工作者指的是通过树立帮扶观念, 运用一些相对科学专业的方法去帮助个人和机构挖掘自身潜力, 解决和协调相关社会问题的专业社会工作者。社会工作的发展在我国仍处于起步阶段, 主要形式依然为政府出资, 专业社工机构设计运营。

目前来看, 就 S 市而言, 社区养老拨款的最主要的来源依然是政府。养老服务工作越来越提上了政府工作的议事日程, 对于社区养老的重视程度也愈发明显。但是, 政府作为资金来源的 "主力军" 仍旧无法提供足够的支持, 对一些特殊群体或者弱势群体的资金提供显得尤为不足。所以, 仅仅依靠政府资金的投入无法全面有效地解决养老问题, 这些失地老年人的养老金的供给, 养老服务的配套, 拆迁安置社区的养老工作必须要发挥各方的积极作用, 例如企业机构、社会第三方等。老年人对于社会工作者的要求也越来越高。

2. 老年人对于养老服务专业化的要求日益提升

随着老年人越来越依赖社区, 老年人对于社区服务的需求也就越来越大, 并且呈现多样化的趋势。满足老年人多方面的需求成为当前养老工作的重要内容之一, 而这其中的关键就是建立一支能提供全方位、多层次、高质量服务的专业化社区服务团队。老年人对于专业化养老服务的需求主要体现在两个大的方面: 一是专业化职业, 意为从事社区服务工作是一项专门的职业。二是专业化知识, 意为从事该项养老工作的人员需经过系统专业的培训, 获得相关的从业资格、文凭或者证书才可以上岗就业。由于现阶段从事社区养老服务的人员绝大多数都未受过专业知识与专门方法的训练, 工作效率与水平无法提升, 所以老年人对于专业化的服务还是非常需要的。

(三) 失地农民对养老服务制度供给的需求分析

1. 老年人需要更多的政策支持

根据此次对于 L 社区老年人的走访调查, 发现失地老年人对于医保、农保以及土地补偿款的发放有所不满, 对于医疗保障制度也存在很大的异议。政府根据年龄进行补贴, 具体分为以下几种: 女性不满 55 周岁, 男性不满 60 周岁的失地农民可以分别获得 300 元与 200 元的补偿款；女性满 55 周岁，男性满 60 周岁但不满 80 周岁的失地农民可以获得 1000 元的补偿款；年满 80 周岁的失地老年人可以获得 1050 元的补偿款。居民普遍反映，在拆迁之前，靠务农，生活安稳可以自给自足，失去土地以后，虽然在交通上、生活水平上较以前方便了许多，但是生活成本有所增加，可收入没有相应地增加，政府给的补偿款总体来看不太够用。

老年人的身体随着年岁的增长每况愈下，医疗花费日渐增多，平时对于药物的依赖非常大，但是现在的药物价格非常高，当前政府对于小病的报销力度还是非常有限的。

"每年几百块钱的医疗报销不到一个月就花完了，剩下的都得自己掏钱，如果身子硬朗的话还好，如果身体状况差的话，这就会是一笔很大的费用。"（社区老人访谈记录）

"现在身子不行喽，经常往医院跑。报销的话一年能报 3000 元，超过了就没得报了。一年先交 150 元（农保），3000 元之中也需要出一半钱。比如，今天买药花了 100 元钱，政府报销 50 元，还有 50 元自己出，但自己出的 50 元也算在报销的费用里面（最多可以报 3000 元），实际国家贴了 1500 元。不管你看什么，只要 3000 元，如果是大病的话，能报销多一点，小毛病什么的报销不多。必须要住院才能报销，但我经常去的是门诊。住院可以报销，但医院经常要给我们做全身检查，一检查，一千几百元就没有了，算来算去，国家不会给我们很多的。老婆 71 岁，有帕金森症，药贵得不得了，去九龙医院去配药，吃一天药要 30 元钱，还有神经官能症和其他毛病。药贵，一次要两三百元，要去住院的话，医院也不会多给你配药的，只有一个月的药。还要给你做全身检查。"（社区老人访谈记录）

由此可见，老年人对政府的医疗政策方面的需求还是非常大的，失地老年人在拆迁之前常年务农没有工人待遇，在失去土地以后由于身体和家庭原因不能再次就业的人群，生活相对来说比较辛苦，特别是在看病就医这一方面的需求尤为突出，对于这些特殊人群，政府在养老政策方面要多加支持。

2. 老年人需要更完善的法律制度维护权益

从研究者与 L 社区失地老年人的访谈内容来看，许多老年人对当前的居住地、养老金服务有所不满，并且没有合适的渠道去表达。

"对现在的养老服务并不是很满意，但是没有进行过上访。一方面因为我们的文化水平低，不知道该怎样去表达。不满意的地方多了去了，赚钱少了，生活费高了，反映有用吗？"（社区老人访谈记录）

"我们之前有一些人向政府反映，但事情还是没有得到解决，所以我们也就不反映了。重点是去了也没有人理你呀，就算有人理也只是应付你的，根本不会管你。什么也不用做，不满意也咽肚子里好了。"（社区老人访谈记录）

由此看来，老年人还是渴望为自己的权益进行争取，但是他们需要更多样的渠道与途径去说出自己的心声，需要更完善的法律制度去维护他们的合法权益。

四 拆迁安置社区养老服务困境

面对日益增长的养老服务需求，当前对于拆迁安置社区的养老服务陷入了困境，主要表现为基础生活照料不足，专业性机构和人才培养的缺乏以及政府工作的局限性。失地老人对于养老资源的提供现状有所不满，形势严峻。

（一）基础生活照料困境

1. 社区提供的日间照料服务不齐全

社区内提供的日间照料服务项目较少，难以满足老年人的需求。目前，社区日间照料中心或者一站式服务中心的主要工作就是为老年人提供午饭，其他的项目虽然也进行了开设，但实施效果并不理想。一些日间照料中心为80岁以上的老年人提供每个月3小时的免费上门服务时间，但是一方面，这项规定有年龄限制；另一方面，对于老年人的照顾应当是具有连续性的，目前情况只是断断续续地去提供一些服务，只是为了应付一些必要的流程和形式，这样并不能从根本上满足老年人的生活照看需求。

2. 老年人对于社区日间照料服务的接受意愿较低

L社区的老年人不愿意接受日间照料服务，主要是缘于以下几个方面的原因：日间照料服务需要购买，老人不愿意花钱，这是较为突出的因素；

身体较为硬朗的老年人认为自己身体状况良好不需要接受；家庭条件较好，不需要接受家庭以外的服务；心理上受到传统观念的束缚，这些老年人认为，接受除儿孙以外的照顾会被别人认为子女不孝顺；另外，对于高龄者来说，他们腿脚不方便，生活上比较邋遢，不愿意麻烦别人，自己也不愿意走动。老年人接受意愿程度不高，导致日间照料服务的开展状况不乐观。

3. 医疗保健康复、专业护理等方面的服务不够规范

目前 L 社区在保健康复、专业护理方面的供给不足，服务不够规范，情况不容乐观。根据调查发现，社区虽然每年对老人都有定期体检，每隔几个月会开展"义诊"工作，但是由于社区卫生中心规模较小，在医疗保健、护理预防等方面的水平不够高，难以满足老年人对于该方面的需求。

就护理人员和护工而言，他们的服务质量参差不齐，比如故意拖沓时间、将情绪带入工作中，对老年人态度不好、对于老年人的服务不到位。这些长时间陪伴在老年人身边的护工大多没有受过系统的养老服务培训，这必然会影响服务工作的效果，造成护理服务的不规范。

4. 老年人精神娱乐活动结构不平衡，心理咨询服务开展不足

在拆迁安置社区中，老年人的文化水平普遍较低，这造成社区图书馆、报刊阅览室、戏曲队、多功能演播室的利用率极低，只有少数的文化程度较高的老年人会在闲暇之余读读书，看看报，写写字。与此相反，棋牌麻将室的使用率则是相当高的，大部分老年人喜欢把业余活动时间用在打麻将上面，几乎每天座无虚席。这导致老年人精神娱乐活动的构成极为不平衡。

随着年龄的增长，老年人的身体状态每况愈下，心理上的波动也会有所加剧。再加上失地老人失去土地，与社会疏远，无所事事，子女可能都忙于工作，不能陪在老年人身边，他们在心理上极易产生孤独感；如果情况严重，老年人极易产生心理疾病。但社区没有配套的心理咨询服务，即使有也很少能看到工作人员，老年人在心理健康方面存在极大的风险，老年人的心理压力没有得到有效的缓解，无法提供理想心理咨询服务不足的问题亟待解决（刘慧君、唐荷娟，2016）。

（二）专业化服务困境

1. 专业化服务机构的准入门槛较高，供不应求

拆迁安置社区内的养老院相较于社区日间照料中心，是一种全天候、全方位的养老服务机构。此类养老院建在社区内部，一方面给老人一种不

曾离开居住地的归属感，另一方面也能够系统地照顾老年人的生活起居、衣食住行。L 社区就建有一所这样的敬老院。

> "这边的养老院房间严重不够，许多人都在等着取号排队，登记的人很多，但是床位不够用。我们这边基础设施不够用，但这需要我们上级领导批准才能扩建。他们上面是有想法的，他们想过把这片地方翻倒重建，扩大一下。前段时间政府来我们这边以及周边地区做过调研，但是情况可能不怎么理想。本小区的居民有一些反对，怕影响到他们的正常生活。还有一点就是这边的传统观念，觉得养老院里都是老人，有些不舒服。发展的大方向是好的，但是具体实施的话还需要一定的时间。"（社区工作人员访谈记录）

调查发现许多老年人以及老年人的子女对于社区养老院存在一定的顾虑，并且高额的费用使他们无法承受。

> "这边的养老院我们都知道，但是我们去不起，现在我们手头拿到的全部补贴不够付的，能去得起的都是子女有钱的，要么就是有关系的，我们想都不要想。"（社区老人访谈记录）

> "不知道养老院，家里的老人不愿意去，反正有 1000 元钱，活得下去，我会给老人送饭，心里不愿意把老人送去养老院，送去养老院的人不多，有小孩的话主要和小孩生活在一起，而且住养老院的花销很大，我们都是贫苦老百姓，不是当大领导的，哈哈，没有那么多钱啊！"（社区老人子女访谈记录）

由此可见，虽然部分老年人对于敬老院还有一定的心理障碍，但大多数的老人还是愿意去的。养老院的收费标准相较于老年人的实际情况偏高，基础设施数量供不应求，无法满足多数老年人的入院意愿，造成社区养老工作无法惠及广大失地老人。

2. 专业化服务人员缺失，养老服务工作不规范

对 L 社区的调查发现，社区中管理层工作人员的数量极为有限，许多工作人员既做这项工作，又做那项工作，职能分配参差不齐。对于服务人才的培养没有进行分层，而且许多工作人员都是老年人的近亲，专业人员极为有

限。在调研中我们发现，在提供养老服务的人员当中，直接提供养老服务的工作人员也很少有专职性的，基本上都归属于家政范畴。除此之外，现在的基层社会工作者不仅数量少，而且文化程度较低，专业化水平不高，在大多数任职的工作人员中取得相关工作资格证的更是寥寥无几，导致养老工作的发展不够规范。"我就住在一区，也属于拆迁户。我家里有一个老人，也住在这里。在这边工作离家近，顺便也可以照料家里的老人。"（社区老人子女访谈记录）由此可见，直接服务人员主要是社区失业人员，专业化水平较低。

（三）养老服务制度供给困境

1. 相关政策法规不健全，存在漏洞

我国目前正处于社会转型期，经济发展虽然处于上升阶段，但养老服务方面仍存在许多不足。针对此类情况，政府已经出台了一些相关的政策措施，尤其是对于拆迁安置社区，比如"扶贫""贫困家庭政府补贴"等等。虽然政府采取了一些措施，但是其体制仍旧不够完善，法律与援助机制仍旧匮乏，甚至存在一些不公平的现象（陈莹、王瑞芹，2015）。例如：一些与之有关的养老政策从解释、宣讲、申请、审批再到最后的发放，整个程序或者过程不够明朗化。另外，社区老人的需求会随着时代的变化而有所变化，但政策修改的效率跟不上需求的变化。由此可见，相关政策还有待修改完善。

2. 沟通渠道闭塞，工作效率低，民意难达

社区失地农民对于当前政府提供的养老服务还是有所不满的，据老人反映，他们的反映渠道非常狭窄，写信、上访等基本属于"无用功"，一方面可能因为是他们的知识水平有限，表达不畅；另一方面是因为政府没有对养老事业的民意反馈体系进行完善。再加上政府相关部门"睁一只眼，闭一只眼"的不作为态度，导致事务堆积搁置，工作效率低下，失地老人的养老诉求得不到回复，人民的意愿难以传达，对我国拆迁安置社区养老工作的有效稳步推进造成了极大的阻碍。

"老人怎么反映？就算反映了，也不可能一下子提高。像我们这些老人，文化水平不高，还不认字，去哪里找地方反映？说了也没用的。退休的老师、白领、干部退休金很高的，但我们没有办法。在厂里工作的话，还有公积金，退休的时候能多拿一些，但一个月也只有一两

千元退休金。"（社区老人访谈记录）

由此可见，失地农民的意见反映渠道还不够全面，政府的工作效率也不高，失地农民的养老需求服务缺乏统一的规制和监管。

五 结论与讨论

（一）借鉴国外成功经验，推动老幼复合型机构的建立

"老幼复合型机构"的社会意义主要在于消解因为家庭结构变化引起的老人与孩童之间的代际隔阂。老幼复合设施依据相关设施的组合类型、建筑物形式以及营运方式的不同拥有多种形态。其中，最常见到的是将托幼所、幼儿园和老人的日托服务抑或是社区居家式养老院合并而设立的"老幼看护中心"，也有把作为福利基础设施的幼儿活动中心与老年人服务活动中心一同设立的"老幼活动中心"。让孩子们与老人们在日常生活中能有更多的机会接触，这将有利于增加孩子们对相关生活知识以及优秀传统文化的了解，增强他们的社会适应力；同时也能让老人在对下一代、下下一代的看护和教育中找到生活的趣味和意义，这极大地有利于他们的身心健康。日本的"富山型"机构就是非常典型的例子。

笔者在研究过程发现：许多老人特别是失地老人都感慨生活寂寞，渴望能更多地和年轻人尤其是孩子进行交流。"老幼复合型机构"规模小，无疑能更多地体现人文关怀，是今后中国社区养老设施的发展方向。我们可以借鉴国外经验，在我国开展社区试点。

（二）降低准入门槛，开辟筹资渠道，扩大社区敬老院规模

社区养老院供不应求，养老服务需求扩张和资金短缺之间存在矛盾。一直以来社区养老院的经费大部分来源于政府，当政府拨款进行财政分配的时候，要多加关注拆迁安置社区养老资金的投入比例，降低老人准入门槛；应当鼓励民间资本对社区养老进行资助，社区养老服务不能仅仅只是一种纯公益性服务，纯公益性服务无法有效地吸引私人投资者的目光。制度设计方面，要对社区养老的服务标准进行划分，形成不同层次，包括无偿服务、低偿服务、有偿服务。这样一来，不同经济水平的老年人都能够各取所需，并且有效地吸引了私人投资者的目光。对于民间投资敬老院等

行为还应当给予一些政策优惠，如酌情降低税费，工程收费减半等，以此来鼓励民间资本的加入。进一步扩大社区养老机构的规模，满足失地老人日益增长的养老需求。

拆迁安置社区具有极大的特殊性，其养老服务不能单纯地依靠城市社区的养老服务经验。随着城市化进程不断加快，过渡型社区持续增多；随着经济的迅速发展，我国已逐渐步入老龄化发展阶段。习近平总书记在十九大中提出："不断满足人民日益增长的美好生活需要。"当然，老年人作为人民的一分子对于美好生活也充满了向往。我们要根据拆迁安置社区的实际情况，具体问题具体分析，充分了解失地老人的养老需求。要善于发现当前拆迁安置社区失地农民的养老问题，找出困境的症结所在，从日常生活、医疗卫生、精神慰藉、人才供给、政策保障等多个方面进行综合考虑，协调各方作用，进行有针对性的养老需求服务改革。唯有如此，社区养老服务工作才能更为有效，使失地老人能够度过一个更为幸福美满的晚年。

参考文献

边恕，黎蔺娴，孙雅娜（2016）：《社会养老服务供需失衡问题分析与政策改进》，《社会保障研究》，（3），23-31。

陈莹，王瑞芹（2015）：《基于农民福利视角的征地补偿安置政策绩效评价——武汉市江夏区和杭州市西湖区的实证》，《华中科技大学学报》（社会科学版），（5），71-79。

丁煜，杨雅真（2015）：《福利多元主义视角的社区居家养老问题研究——以 XM 市 XG 街道为例》，《公共管理与政策评论》，（1），43-53。

郝金磊，贾金荣（2013）：《失地农民养老模式选择意愿的影响因素》，《西北农林科技大学学报》（社会科学版），（1），12-15。

郝亚亚，毕红霞（2018）::《山东省农村老人社区互助养老意愿及影响因素分析》，《西北人口》，（2），96-104。

胡惠琴，闫红曦（2017）《"421"家庭结构下社区老幼复合型福利设施营造》，《西部人居环境学刊》，（3），35-41。

黄春梅（2018）：《福利多元主义视角下居家养老服务的问题及对策解析》，《社会福利》（理论版），（5），3-7+13。

李红武（2014）：《养老服务专业人才培养的现状及对策分析》，《老龄科学研究》，（7），53-60。

刘慧君，唐荷娟（2016）：《社会转型期农村养老困境的破解——老年公寓和新农保对农村老人心理福利的影响》，《人口与社会》，（1），38-50。

刘祖云，李烊（2017）：《元治理视角下"过渡型社区"治理的结构与策略》，《社会科学》，（1），11 – 20。

彭金玉，柴永达（2015）：《城镇化进程中老年失地农民养老服务问题研究——以诸暨市为例》，《中国民政》，（16），37 – 39。

史薇，谢宇（2015）：《城市老年人对居家养老服务提供主体的选择及影响因素——基于福利多元主义视角的研究》，《西北人口》，（1），48 – 54。

苏海涛（2013）：《湖北失地农民社会保障问题探析——基于宜昌、随州、十堰三地的调研数据》，《社会保障研究》，（5），15 – 21。

孙思（2016）：《社区居家养老服务供给主体的多元化构建》，《社会福利（理论版）》，（5），54 – 58。

田北海，钟涨宝（2009）：《社会福利社会化的价值理念——福利多元主义的一个四维分析框架》，《探索与争鸣》，（8），44 – 47。

王宏禹，王啸宇（2018）：《养护医三位一体：智慧社区居家精细化养老服务体系研究》，《武汉大学学报》（哲学社会科学版），（4），156 – 168。

王琼（2016）：《城市社区居家养老服务需求及其影响因素——基于全国性的城市老年人口调查数据》，《人口研究》，（1），98 – 112。

肖云，随淑敏（2017）《我国失能老人机构养老意愿分析——基于新福利经济学视角》，《人口与发展》，（2），92 – 99 + 91。

谢勇才（2015）：《福利多元视域下的失独群体养老困境与出路研究》，《社会保障研究》，（2），34。

曾昱（2008）：《社区养老服务的发展方向：专业化、产业化和规模化》，《西北人口》，（3），38 – 41 + 46。

张再云，风笑天，郭颖（2018）：《从需求到资源——城市老人入住养老机构的影响因素分析》，《人口与发展》，（4），107 – 119。

周学馨，孙婷（2018）：《供需协调视角下"五位一体"失独家庭养老服务政策体系研究》，《探索》，（1），160 – 165 + 2。

Demand and Service System of Endowment Services for Land-expropriated Farmers in Demolition and Resettlement Community

Qin Ziqian

Abstract：In China, the aging of the population is more severe than ever, and the shortage of service for the aged has become an urgent problem to be solved at the present stage. And as China's urbanization process continues to deepen, many rural and market towns close to the city are encumbered by the government's policies, forming what we call "transitional communities" and "demolition and re-settlement communities." This paper analyzes the characteristics of the relocation community and the present situation of the landless farmers' old-age service. From daily life, medical and health care, spiritual comfort, talent supply and policy guarantee, this paper makes a field investigation and interview analysis on the present situation of the elderly old-age service in the community of Lotus New Village in Suzhou. This paper points out the difficulties faced by the community old-age service, such as staff misconduct, and puts forward the corresponding countermeasures. To explore how to better play this kind of community pension function, out of landless farmers pension service dilemma.

Keywords: Demolition and Resettlement Community; Community Pension; Pension Demand; Service System

（责任编辑：单良）

农村社会保障兜底脱贫与社会工作干预

綦郑潇*

摘　要： 脱贫攻坚是我国"十三五"期间的重要民生任务，"社会保障兜底脱贫一批"作为农村贫困人口精准脱贫的扶贫方略之一，在一定程度上减轻了因病致贫、因残致贫等农村边缘贫困人口的基本生计压力。在脱贫工作逐步推进的进程中，农村居民收入不稳定、各级政府的自由裁量等因素导致目前农村低保户的认定核查标准、医疗救助范围等方面的具体实践与相关的政策理论之间存在张力。本文以执行理论为切入点，通过对农村居民最低生活保障申请情况与救助工作落实过程的参与观察与分析，阐述以社会保障兜底的福利政策面临的现实性问题，探讨社会工作在农村脱贫攻坚目标实现中的具体角色和作用。并指出在社会保障兜底的政策设计和实践中，应重视专业社会工作的力量，尤其发挥社会工作者"知识人"和实践者的双重角色效用，助力脱贫攻坚目标的实现，推动农村社会工作的发展与完善，也为进一步促进城乡一体化、基本公共服务均等化提供实践与理论支撑。

关键词： 社会救助　农村社会工作　最低生活保障制度　脱贫攻坚　执行理论

一　导言

贫困问题一直是我国广大农村地区发展过程中亟须解决的关键性问题。随着社会的不断进步和以政府为主导的扶贫脱贫工作的开展，我国农村地区的贫困状况得到了很大的改善。然而，截至2016年底，我国农村地区仍存在4300多万的贫困人口，并且在前期扶贫工作中存在不精准、易返贫等

＊　綦郑潇，北京大学社会学系硕士研究生。

过程和成效上的短板。针对这些扶贫问题的出现，中共中央提出了"打赢脱贫攻坚战"的指导思想，通过"六个精准"① 和"五个一批"② 的战略，以期在"十三五"末保证农村贫困人口全部脱贫。其中，"社会保障兜底"作为精准扶贫"五个一批"工程中的脱贫救助策略之一，于 2015 年 11 月底在中央扶贫开发工作会议中被习近平总书记提出，具体是指"对贫困人口中完全或部分丧失劳动能力的人，由社会保障来兜底"③。随后下发的《中共中央国务院关于打赢脱贫攻坚战的决定》④ 中阐述了"实行农村最低生活保障制度兜底脱贫"、"完善农村最低生活保障制度，对无法依靠产业扶持和就业帮助脱贫的家庭实行政策性保障兜底"的具体要求。2016 年印发的《"十三五"脱贫攻坚规划》⑤ 通知中，对于"兜底保障"也作出了相应的解读："统筹社会救助体系，促进扶贫开发与社会保障有效衔接，完善农村低保、特困人员救助供养等社会救助制度，健全农村'三留守'人员和残疾人关爱服务体系，实现社会保障兜底"。

在扶贫整体策略从"生存型"到"发展型"转变的背景下，我国社会救助政策体系也在不断地完善，逐渐发展成为涵盖最低生活保障、医疗救助、教育救助、养老福利等多领域、全方位、精准化的行政性社会救助体系，减缓了农村地区因病致贫、因残致贫以及返贫率高的情况发生。而在逐渐"转型"的社会救助体系中，最低生活保障制度因其独有的"兜底"效用，仍隶属于解决基本生计问题的"生存型"救助政策。自国务院 1999

---

① 六个精准：扶贫对象精准、项目安排精准、资金使用精准、措施到户精准、因村派人精准、脱贫成效精准。
② 五个一批：发展生产脱贫一批、易地扶贫搬迁脱贫一批、生态补偿脱贫一批、发展教育脱贫一批、社会保障兜底一批。
③ 2015 年 11 月 27 日至 28 日，中央扶贫开发工作会议在北京召开，中共中央总书记、国家主席、中央军委主席习近平出席会议并发表重要讲话。他强调，消除贫困、改善民生、逐步实现共同富裕，是社会主义的本质要求，是我们党的重要使命。全面建成小康社会，是我们对全国人民的庄严承诺。脱贫攻坚战的冲锋号已经吹响。我们要立下愚公移山志，咬定目标、苦干实干，坚决打赢脱贫攻坚战，确保到 2020 年所有贫困地区和贫困人口一道迈入全面小康社会。
④ 《中共中央国务院关于打赢脱贫攻坚战的决定》是中共中央、国务院于 2015 年 11 月 29 日颁布的指导当前和今后一个时期脱贫攻坚的纲要性文件，自 2015 年 11 月 29 日起实施。
⑤ 《"十三五"脱贫攻坚规划》是根据《中国农村扶贫开发纲要（2011—2020 年）》、《中共中央国务院关于打赢脱贫攻坚战的决定》和《中华人民共和国国民经济和社会发展第十三个五年规划纲要》编制，由国务院于 2016 年 11 月 23 日印发并实施。

年首次颁布最低生活保障方面的条例①以保障城市居民的基本生活，并在
2007 年发布《关于在全国建立农村最低生活保障制度的通知》② 为农村居
民提供生计保障以来，各级政府部门为了推动这一生计"兜底"政策的有
效落实，不断加强自身行政能力建设，同时进行大胆尝试，与第三方社会
力量开展合作，如北京市门头沟区民政局在 2015 年底通过招投标程序与北
京市西城区睦友社会工作事务所签订协议，合作开展门头沟区民政局引入
第三方低保核查服务项目，共同探索专业社会工作介入低保核查过程的工
作方法。③ 需要肯定的是，这样的合作尝试为专业社会工作在社会政策执行
过程中呈现专业性的服务提供了可能，但在专业社会工作尚未受到行政系
统和社会大众广泛理解与接受的前提下，农村低保政策落实的实际情况如
何？社会工作有多大的可能性介入农村地区兜底脱贫政策过程中？专业社
会工作力量又会在助力政策实施的过程中提供怎样的支持？

　　本文立足于社会保障兜底脱贫中的最低生活保障制度的实践，考察以
生计保障为目的的"兜底"社会救助政策在农村地区的落实状况，并对政
策过程中出现的问题进行分析与讨论，同时探讨社会工作专业力量介入农
村最低社会保障制度执行工作中的发展方向。

二　文献综述

（一）执行理论视角

　　执行理论是 20 世纪 70 年代之后开始被普遍关注的政策执行研究范式。其
产生和发展大致经历了 20 世纪 30 ~ 80 年代的干涉主义时期、20 世纪 80 ~ 90
年代的政府缩减时期、20 世纪 90 年代至今的实用主义混合时期三个阶段。所
谓"执行"，就是在"政策期望与所感知的政策结果之间所发生的活动"（希
尔，修普，2011）。执行研究聚焦于解释"执行发生了什么"和影响执行
"发生的事情"，即政策发生的过程和影响因素。政策通常被认为包含了受
到环境因素以及个人、群体和组织因素影响的一系列类型的相关决定。往

---

① 1999 年 9 月 28 日，国务院第 21 次常务会议通过发布《城市居民最低生活保障条例》，自
　1999 年 10 月 1 日起施行。
② 《关于在全国建立农村最低生活保障制度的通知》由国务院于 2007 年 7 月 11 日发布。
③ 《社会工作介入低保核查的操作手法——以北京市门头沟区民政局引入第三方低保核查服
　务项目为例》，《中国社会工作》，2017（1）：43 – 44。

往包含行为和意图，也包含无行动与有行动，会带来预期与非预期的后果。正如安德森所讲，"政策在执行中建构，也在建构中执行"。执行在实际情况中无法与政策制定相分离。在执行阶段，政策过程仍然在继续。政策执行之后的输出和结果也是执行研究中不容忽视的：将实际取得的与原来所期望取得的进行比较，常常能够导向对"执行差距"的观察，这是对执行的成效评估，考量公共政策及执行人如何被鉴定、审核、评价与控制。

由于政策包含行动和意图，有一定的主观性，继而在法治的框架下会存在某种程度的行政自由裁量的问题。在威尔逊对警察的研究中，最早发现自由裁量的使用方式，这种自由裁量是指基层工作的政府官员具有相对自主权。基层官僚们视自己为决策者，所做的决定是基于对规范的选择，而不是对法律、程序或政策作出的回应技能。在某些条件下，增强基层的自行裁量权对于政策执行可能比对其进行约束更有效。简而言之，在政策执行过程中，不同层面的政策执行者对于政策的解读和执行的情况是不同的，可能会产生的情况是政策越到基层与政策制定者的目标偏离的可能性就越大。

此外，在对政策执行过程的研究中，历来存在"自上而下"与"自下而上"的观点之争，进而衍生出综合两种途径的观点。其中，20世纪70年代，"自上而下"论者强调政策出现及执行过程中行政体系控制者的规范性假设及政治性影响；而"自下而上"论者则在20世纪80年代早期开始主张执行结构中基层行动者力量的效用。从20世纪80年代中后期开始，对于执行过程的研究基本上是处于综合两种途径的状态，系统研究、政策网络模型等理论视角占据主要的地位。综合研究的思路主要是强调执行参与主体资源获得和目标参与的自主性。

（二）研究概述

目前国内社会工作领域关于扶贫脱贫的研究主要集中在以下两个方面。一是关于扶贫理论范式与实践介入模式的探讨，如王思斌提出了我国农村反贫困的制度-能力整合模式，并对这一模式在农村社会工作的建构效用进行了分析（王思斌，2016）；张和清等从优势视角的角度阐述了以能力建设和资产建设为中心的农村社会工作实践模式（张和清、杨锡聪、古学斌，2008）；陈涛则聚焦农村社会工作的功能选择与角色定位，结合绿耕、青红培力等实践，提出目前社会工作者的主要"照顾者"与"陪伴同行者"角色等。二是关于脱贫攻坚、精准扶贫项目的实际扶贫效用探讨，如对中国社会救助制度的减贫效应研究（赵英丽，2017）、以中药材开发产业为例对民族地区的特色产业扶贫效果进行探讨（马楠，2016）、对旅游扶贫的精准识别进行探讨（邓小海、曾亮、罗明义，2015）等。此外，关于农村社会保障制度的研究虽然大都关注到了政策执行过程中出现的问题，但主要以贫困户的精准识别（王天琪，2017）、制度的可持续性（赖锦鑫，2017）、贫困的代际传递（李可可，2017）和动态管理现状（张爽，2017）等为切入点进行分析。

既有的文献研究较为集中于理论范式、实践模式、介入路径的分析以及扶贫成效的探讨，且产业扶贫、旅游扶贫等项目化的扶贫实践案例受到更多研究者的青睐，即使是关于农村低保制度的研究，也较少有从政策执行过程出发对于社会保障兜底脱贫，尤其是农村最低生活保障制度落实困境的全面讨论，对社会工作介入政策执行过程的探讨也不多。因而本文选择从执行过程视角出发，分析农村低保政策实践过程的现实性张力，最终再回归政策实践，落脚到社会工作介入的讨论，试图寻找和探寻在具有行政效力的社会政策落实过程中，专业社会工作本身的定位以及和行政力之间的平衡，为社会工作介入扶贫政策实践提供方向。

三 研究思路与案例介绍

（一）研究思路

本文主要采用案例分析的研究方法，通过参与观察和文献资料的查阅，了解农村社会工作的文献材料和脱贫攻坚与社会保障的政策法规，把握最新的政策动态和相关研究进展。同时结合对农村最低生活保障制度落实情况的田野式观察，包括参与入户调查过程——评估和复核申请人户籍状况、家庭收入和财产状况①，访谈负责农村最低生活保障申请的基层民政部门工作人员——还原政策落实过程、了解日常工作中可能出现的困境与相应的解决方式等，从政策实践的不同环节和主体进行分析，探讨农村低保政策

---

① 民政部于2012年制定《最低生活保障审核审批办法（试行）》，规定户籍状况、家庭收入、家庭财产是认定低保对象的三个必要条件。其中家庭收入包括工资性收入、家庭经营净（纯）收入、财产性收入、转移性收入以及其他应当计入家庭收入的项目，家庭财产主要包括银行存款、有价证券、机动车辆、船舶、房屋、债权、其他财产。

执行过程在理论层面与落实之间的张力，并对专业社会工作在助力落实农村社会保障兜底脱贫工作方面进行深入的思考。

（二）田野地点——C县

C县地处我国北方地区东部沿海省份的西部内陆，占地面积1000多平方公里，下辖14个乡镇，总人口约60万，其中农业人口占总人口数的2/3左右。C县所属城市的经济发展水平常年处于省内17地市经济发展指标排名的较后位置，但相比属地内其他县区，C县城乡居民人均收入和经济增速因辖区内化工产业的支撑而经常拔得头筹。

在扶贫脱贫方面，C县政府部门积极响应国家号召，认真落实"脱贫攻坚"的相关政策，为提升辖地内城乡居民的生活水平和生活质量提供及时有效的公共服务。因全县无国家级贫困村，行政部门将主要精力投入省级贫困村脱贫和各村贫困户重点帮扶方面。根据扶贫脱贫相关政策的要求，C县各省级贫困村需要派驻扶贫工作小组，常驻贫困村的扶贫工作小组成员由待分配的对口帮扶单位中的工作人员构成，这些行政单位会委派专人作为"驻村第一书记"统筹协助扶贫工作，并在专项资金和部分社会筹款的支持下对帮扶村落进行项目化的扶贫，如家畜养殖业规模化、旅游业开发及光伏发电项目等。对于村内的贫困户、五保户，扶贫工作小组也会在调查核实情况之后确定一对一的帮扶计划。这种帮扶模式颇见成效，C县省级贫困村数量从2015年的34个下降到2016年的17个，之后也呈逐年减少趋势。

至于扶贫脱贫工作中的"兜底"部分——最低生活保障申请与发放，因该制度在2007年就已经出台实施，之后提出的概念性制度要求只是在最初政策基础上进行完善，并且政策本身具有行政力量的约束，所以在纵向层面，各级民政部门在落实上级政策要求时较为及时，并因地制宜地制定规划，最终取得了一定的成效。2016年，C县所在省民政厅顺应中央号召下发了《关于民政系统全力推动脱贫攻坚工作的通知》（以下简称《通知》），规定全省实行农村低保制度兜底脱贫，民政部门需主动与扶贫部门搞好对接，将符合条件的扶贫对象纳入救助保障范围。同时，根据C县所在省东中西部地区经济发展水平的差异和政策落实的阶段性特征，《通知》又制定了全省东中西部地区分年度提高农村低保的规划：2016年，东部6市农村低保标准全部达到省定扶贫线（3402元/年），中部5市全部提高到不低于 3200 元，西部 6 市全部达到国家扶贫线（2855 元/年）；2017 年，中部 5 市全部达到省定扶贫线，西部 6 市全部提高到不低于 3200 元；2018 年，西部 6 市全部达到省定扶贫线。此外，为确保各市有针对性地落实政策，《通知》还指出，各市需完善农村低保制度，健全农村低保对象认定办法，将符合农村低保条件的贫困家庭，特别是主要成员完全或部分丧失劳动能力的家庭，全部纳入农村低保范围，做到应保尽保、兜底脱贫。在《通知》下发后不久，C 县所在市民政局为完成上级行政要求积极响应，于 2016 年 6 月将全市的农村最低生活保障标准从 2015 年的 2600 元提高到 3050 元，2017 年又将全市的农村最低生活保障标准提高至 3600 元，但并未考虑市内经济发展水平的差异。而 C 县也为减少辖区内省级贫困村的数量、提高本地农村居民生活水平努力向市级要求靠拢，于 2017 年上半年出台提高城乡最低生活保障标准的文件，规定自 2017 年起，农村低保标准提高到 3600 元，平均月补差提高到 180 元。① 目前，C 县农村低保标准已高于省定扶贫线，提前超额完成省级目标。此外，为加强低保动态管理，C 县民政局于 2017 年上半年开展了"阳光低保"再回顾专项行动，对可能存在"人情保"、"关系保"的贫困户进行了核查走访，力求政策执行过程的公平。而在横向层面，虽然《通知》中指出"民政部门需主动与扶贫部门搞好对接"，但由于分属的部门不同，县一级负责农村最低生活保障审批的民政部门似乎与同级政府扶贫办公室及驻村扶贫工作小组等扶贫部门之间的沟通主动性和便利性还是有所欠缺，经常会出现扶贫办公室工作人员来向民政部门人员询问每月新增和停保人员大体数量情况，而新增、停发信息因之前一直作为民政部门的封闭保密信息，所以不会主动提供给扶贫办公室或扶贫工作小组。

由于政策的本身具有行政属性，所以 C 县政策执行部门的人员构成并不太考虑社会工作、行政管理的专业性，大多数是通过正式公务员考试或者事业编考试进入民政系统工作的，之前对福利相关的专业知识理念接触得并不多。C 县民政部门中共有正式工作人员约 80 人，其中专门负责农村最低生活保障申请工作的有 4 人，除 1 位科长统筹工作外，其余 3 位科员均进行了分工，分别负责前期资料筛查、统计核查信息、与信用社的财务联系，进行下村入户走访核查是大家每月轮流的例行工作。在 4 人中，拥有社

---

① 《C 县关于调整农村居民最低生活保障标准的通知》，于 2017 年 5 月出台并实施。

会工作师资格的有 2 位，而在整个民政局中，拥有社会工作师专业资格的人数约占总人数的 20%，主动去参加考试并通过的都期待自己的"专业资格"能够在薪酬劳动上得到奖励的体现。不仅民政系统内部对于社会工作专业的了解和接受程度不高，在需要对外进行合作时，基层民政部门也难以信任作为社会力量的第三方合作者，更不必说感受和体会社会工作专业带来的力量了。在与负责农村低保的基层民政工作人员进行交谈时，可以明显感受到对方对于社会力量介入由国家财政支持的完整行政性政策落实的担心。其实，由于 C 县处于全省经济水平不十分发达的地区，民风普遍保守，不仅民政工作人员对于社会工作的介入持怀疑态度，普通民众也难以迅速理解和接纳社会工作，再加上社会工作自身仍在本土化的探索过程中，资源发展有不平衡的特征，所以 C 县并不像"北上广深"这样的一线城市具有优质和广泛的社工资源可以供政府进行购买服务。

综合来看，无论是在社会保障兜底落实政策的解读还是在其落实过程的每一个环节中，专业社会工作都是被忽视的力量。

四 分析与讨论

以政府为主导的政策执行过程大都被归为"自上而下"的政策执行模式。虽然社会保障兜底脱贫这一基本救助政策在初衷上是惠及农村居民尤其是贫困居民，而且从作为案例的 C 县来看，民政部门的政策解读和实践跟进比较合理和及时，在效果上也能够达到政策目标的要求，但是在农村最低生活保障制度作为精准扶贫的手段之一被逐级落实的执行过程当中，由于现实的复杂性、人员欠缺专业性和福利的多重性等原因，仍存在一些容易被忽略的阻碍与困境影响着政策推行的效率和质量，主要可总结为以下三点。

（一）制度设计与政策过程的张力

顶层制度设计相对而言更多的是提供一种指导思想和工作方向，因而对于政策的阐述较为概括。就农村最低生活保障制度来说，在中央的"决定"和"规划"中，相关的制度政策都是简要的被提及：动态调整农村最低生活保障标准，确保 2020 年农村地区的所有低保标准全面达到国家扶贫标准，从而实现全面建成小康社会的总目标。到省一级农村最低生活保障标准就相对明确，再到市一级、县一级逐渐具体化。一般中央一级的文件当中都会注明"根据各地的情况参照执行"，确实不论是哪一方面的政策都需要因地制宜，"一刀切"是最不能体现政策效果的方式。C县民政部门正是根据上级的规划逐步进行调整，最终及时甚至超额完成了《通知》中西部地区的计划目标，并没有急躁冒进地"一步登天"，也没有因中东部地区的指标较高而打乱节奏。

在实际推行政策的过程中，由于情况的复杂性时常会出现一些未预期的后果。比如，目前的低保申请需要核查户籍所在地和家庭年人均收入，其中家庭年人均收入一项需要核查共同生活家庭成员人数以进行更为精准的测算。一些年龄较大的申请者的子女实际上有赡养能力，但是由于农村地区的分家①等传统不赡养老人，或者子女中儿子出现意外去世，已出嫁的女儿认为不需要再赡养父母的思想，家中老人生活拮据，需要申请最低生活保障来救济生活。理论上，这种情况的申请人可能会因为家庭年人均收入高于申请标准而不具备申请条件。但现实状况是，他们的子女并未对父母尽到赡养义务，子女的"高收入"看似将家庭年人均收入拉高，实际上却不能解决申请者基本生活方面的困难。这种难以评定收入的情况导致了筛选低保申请者出现两难的困境。其实这样的情形并非个例，在实施农村最低生活保障制度的过程中，最容易出现争议的地方就是家庭收入和家庭财产的测算。如果说，年长的申请者在申请过程中"隐瞒"有赡养能力的子女的存在可能是因我国农村地方的"分家"传统还情有可原的话，那么一些中年申请者在申请时谎称自己刚到法定工作年龄的子女仍在求学隐瞒其在外打工的事实，以"拉低"家庭年人均收入，"贴近"低保申请标准，就有很大程度的主观故意成分存在。他们抓住了经济状况调查过程中收入测算的不确定性，结果不仅低保申请核查不能通过，占用了申请资源与自己的时间，还降低了核查的效率，让核查人员不得不警惕在民主评议环节存在"人情保""关系保"的情况出现。诚然，目前我国农村地区很多居民的收入属于不稳定的状态，农闲和农忙时期存在较大的收入差距，家庭收入按照月甚至季度来计算都难以有稳定的统计，更不必说人均的年收入，这种客观现实对基层民政工作人员"精准识别"贫困户造成了一定的困难，

---

① 分家是指在多子女的情况下，父母在家中只留下已婚子女中的一个（儿子和女儿均可），其余子女婚后分离出去的情况。我国广大农村地区受父系传统的影响，父母一般选择留儿子在身边。

以上两种甚至更多种农村贫困户测算指标的分情况讨论也只能依靠基层行政人员不断地积累经验而进行完善了。

在政策落实过程中还会出现农村低保的申请者因之间存在个人恩怨而攀比申请结果，有的申请者会打着"咨询低保申请流程"的旗号，质问民政工作人员其他申请者被批准但自己并未申请成功的原因，更有甚者因"嫉妒"享有低保的申请者而进行报复式的告发，但实际情况是被告发的低保享有者的工厂早已停产且家中有重大疾病的病人需要照料因而符合要求。

这些事例表明，社会保障兜底的制度顶层设计与政策执行过程之间，因为存在着因地因时而异的"距离"，政策在落地的过程中存在着较大的张力。这种张力在一定程度上与各级民政部门的自由裁量有一定的相关关系。中央政策在被各级的政策解读者进行"解读"和"拆解"的过程中，不仅需要有着基于当地实际情况充分的考察，但在一定程度上，尤其是在具体政策落实的执行者中，也会带上一些所谓的"个人色彩"。政策的落实不仅是单方面的，"被政策照顾的群体"同样也与政策有着"互动"，他们甚至可以敏锐地"捕捉"到政策的"弱点"并加以利用，还沾沾自喜自己"聪明的发现"殊不知在消耗了资源的同时还增加了"福利依赖"的风险。

其实，以政府为主导的自上而下的政策执行模式容易忽略来自基层的声音对政策完善的影响。政策执行过程中的未预期后果正是政策制定方面有待完善之处，若处理得当，未尝不可作为完善后的政策执行模板继续推行。此外，基层工作人员大多只是尽可能地完成政策绩效，较少具备反思的心态。因而，无论是在政策制定还是在政策完善的过程中，都存在"理论"与"现实"之间的张力。

（二）民政实施主体与专业社会工作之间的张力

农村最低生活保障制度在推行的过程中在一定程度上体现了社会工作的行政化和专业性之间的张力。民政系统所做的工作虽属于宏观的社会工作行政领域，但也需要执行者具备较强的社会工作专业素养与能力。专业社会工作由于被认为是"舶来品"的缘故，其理念和视角历来较难纳入我国社会救助政策的范畴，这种情况虽然随着近年来我国社会工作的发展得到了很大的改观，但社会工作本土化的问题，尤其是行政性与专业性之间的争论，仍是社工学术界讨论的热点。前文田野情况中提及，C县民政部门工作人员中拥有社工师资格的人数约占 20%，但这仅仅是一个数字，在实际的工作过程当中真正能够理解社会工作，秉承社会工作价值观的人员占有多大比重笔者不得而知。需要正视的现实状况是，目前我国各级民政部门工作人员的社会工作专业水平和能力是随着政策的逐级推进而层级递减的，尤其在乡镇一级的民政部门，行政性几乎取代了专业视角，在农村最低生活保障制度落实过程中经常出现民政所工作人员上报新增贫困户不走访、记错贫困线标准、服务态度较差等问题。县一级民政部门经常会接待前来询问低保申请流程的咨询者，其中不乏有一些咨询者是从乡镇一级民政所咨询过后被告知要前来民政局询问的。这也在一定程度上反映了农村最低生活保障申请流程方面的宣传以及基层工作人员的专业性还有待加强和提高。除此之外，在前文田野情况中提及，由于 C 县所在地总体经济发展水平的限制，加上目前专业社会工作仍在发展完善阶段缺少专业社工机构和人员，C 县农村低保领域的民政部门工作人员对于政府购买服务介入低保评估核查等环节持观望态度。其实不难理解，代表行政力量的一方认为，在制度体系足够完善的前提下，并不需要第三方在政策执行过程中插手，第三方只需要监督和评估行政行为就足够，否则加入第三方甚至第 N 方之后，在统筹上花费的时间会降低行政效率。然而事实是，农村最低生活保障制度的筛选、入户、核查都是需要人力在数量和专业知识判断方面的支持的，这时候其实是需要社会工作机构或者团队来助力各个环节的执行的。可是，在执行农村最低生活保障的政策过程中，目前缺乏甚至很少有这种专业社会工作的力量的支持，即使有，社会工作者作为资源连接者和政策倡导者也会面临着夹在贫困户和行政部门之间两难的困境：贫困户终于找到可以倾诉的对象并希望能够通过社工的协助申请顺利，而民政部门又希望社工能够严格核查并尽快完成每月的行政性任务。薄弱的信任和现实的两难足以让社工感到介入后的窒息。既然会陷入进退两难的境地，这样的行动还需要尝试吗？答案是肯定的，因为只有迈出了第一步，才有去解决新问题的可能。

在某种程度上，我国民政社会工作的发展可以被看作社会工作本土化的一大表现。只是由于社会工作作为一门专业源起于西方，而且大多数人对社会工作不甚了解，才会将社会工作的内涵和外延进行窄化的理解。事实上，社会工作的行政性和专业性之间并非截然对立，而是社工专业工作所兼具的特性。就"社会保障兜底脱贫一批"的目标实现而言，民政部门的工作人员对于社会工作专业价值观的理解和践行对于更好地落实农村最低生活保障制度来说，也是非常重要的。实际上，行政性与专业性的争议点一是在于对东西方"什么是社会工作"的理解层面，二是在于若同时兼顾行政性与专业性，很容易陷入两难困境，之后要面临"如何做"的选择。或许在实践的过程当中努力去寻找行政性与专业性二者之间的平衡才是最迫切的。

（三）社会保障兜底与扶贫开发衔接的张力

前文提到，农村最低生活保障制度是社会保障兜底当中作为生计保障的"生存型"救助策略，除此之外还辅以医疗救助、教育救助等"发展型"的救助策略。在目前的政策体系之下，各项"辅助性"救助举措对仅限于解决基本生计问题的兜底性农村最低生活保障救助能够起到长期性机制补充的效用。在脱贫攻坚的过程中，作为需要民政系统为实施主体的扶贫策略，社会保障兜底脱贫和其他具体的依靠扶贫工作小组实行的扶贫手段其实也存在一定的衔接张力。虽然 2016 年民政部与国务院扶贫办等部门联合出台了《关于做好农村最低生活保障制度与扶贫开发政策有效衔接的指导意见》，而《"十三五"脱贫攻坚规划》中也指出要"促进扶贫开发与社会保障有效衔接"，但根据 C 县的实际情况来看，民政部门和扶贫工作小组之间确实职责明确，各司其职，却在工作衔接上缺乏深层次的交流与沟通。

在低保申请过程中存在一种低保申请标准低于国家贫困线的现象。理论上讲，家庭年人均收入低于国家贫困线的农村户籍人口均属于贫困户的范畴，但是之前可申请最低生活保障的收入标准远远低于国家贫困线，也就是说，在低保申请标准低于国家贫困线的情况下，年人均收入未达国家贫困线却超过低保申请标准的贫困户，不能向民政部门申请低保。实际上，有相当长的一段时间，农村最低生活保障制度的申请标准在国家贫困线之下，只是为响应低保动态调整的政策号召，近年来各级民政部门才不断提高低保线水平，C 县也是为了达到脱贫目标，于 2017 年才将低保申请标准上调至超过国家贫困线。也就是说，在低保申请标准低于国家贫困线的时期，即使贫困户申请上了低保，得到了差额的补助，也未必能够达到"脱贫"的程度。试想，有些贫困户因收入"不够低"，在民政系统中不能纳入低保申请范围，但实际上他们属于相对贫困或者低收入人群，并未完全脱离"贫困"状态，这时候就需要有第三方的力量来对这些"特殊人群"的需求进行评估，并且制定相关的规划帮助他们增加收入。在社会工作专业力量并未普及和重视的状况下，扶贫工作小组实际上承担了这一角色职责，但呈现的仍是行政制度的效用。案例中提到扶贫工作小组需要对对口的贫困户进行一对一的帮扶匹配，这是需要专业知识来进行评估的，在这个过程中如果不了解最低生活保障制度的具体政策内容，不了解帮扶村贫困户的低保申请情况，那么为贫困户匹配的提供帮扶的对象也就很难最大限度地发挥他们的帮扶效用，可能仅以慰问、送东西等方式进行形式化、表面化的帮扶。目前扶贫工作小组其实缺少充足的人力、物力、财力和知识支持来进行专业的评估，再加上 C 县的民政部门和扶贫工作部门因分工明确、行政归属不同等原因都难以主动地与对方沟通贫困户申请和撤保的情况，使可以多方合作且具有整体性的扶贫规划在执行过程中存在割裂。

如果仔细分析以往的农村最低生活保障制度的政策和近期的脱贫攻坚的文件内容，我们不难发现正是由于低保政策属于脱贫攻坚规划当中的"兜底"一环，很多农村居民才能受惠于最低生活保障制度的补贴而有了脱离贫困的可能。然而脱贫攻坚的策略当中仍有很多发展型的规划，这些发展型策略的实施并非民政部门的权责范围，需要负责扶贫开发的部门进行统一的统筹设计。这样看起来像是民政部门负责的低保申请从属于扶贫开发，在政策规定上分析也确实如此，但实际上二者均属于行政系统，严格各司其职，不便主动沟通各自工作进展。在这种情况下，非行政力量的存在就显得十分有必要，就更需要有所交叉，才能更好地促进"应保尽保"的落实。

五　社会工作在农村社会保障兜底脱贫工作中的干预方向

无论是宏观领域还是微观领域，社会工作都具备干预性的特征。农村社会保障兜底脱贫已经成为脱贫攻坚的重要一环，前文分析了在政策执行过程当中存在的阻碍与张力，可以看出无论是从理论上而言还是在具体的实践过程中，社会工作的干预都是十分重要且必要的。

（一）在制度设计层面提高社会工作专业融入

社会服务方面的顶层制度设计除了需要实地调研之外还需要有专业社会工作者的参与，此时社会工作者可以发挥其政策倡导的角色作用，基于现实的情况尽可能全面地提出有关社会服务的政策建议。王思斌曾针对我国的农村社会工作干预提出过"大农村社会工作"的概念，具体是指秉持社会工作的专业价值观，以农村困境家庭和群体的基本问题为中心并兼顾主要相关因素，以专业社会工作方法为主导，辅以有利于问题解决的多种方法，动员多种力量，综合解决问题的社会服务模式。这是对于农村社会工作的具体性指导方向的概念（王思斌，2017）。社会保障兜底脱贫虽然只能算作"大农村社会工作"中解决方式的一环，但是"大农村社会工作"这一概念的指导思想对于农村社会服务方面的制度设计具有借鉴性意义，比如秉承社会工作的增能赋权、以人为本。专业价值观去制定相关脱贫方面的政策，才能更加有效地实现脱贫目标。

目前脱贫攻坚的相关战略方针和指导性意见已经被广泛地提出，专业社会工作在扶贫方面的参与也逐渐受到重视。2017 年 6 月，民政部、财政部和国务院扶贫办联合下发了《关于支持社会工作专业力量参与脱贫攻坚的指导意见》①，意见中根据专业社会工作的性质和农村地区扶贫工作的特征明确了相关的服务内容。虽然只是作为第三方的力量配合相关部门的工作，但指导意见的出台，足以表明社会工作专业正逐步纳入顶层制度设计当中，进而保证脱贫攻坚更加顺利有效地进行。就社会保障兜底脱贫而言，政策的框架早已成型，相关工作也在逐级推进，但根据目前的实施情况来看，各级行政部门在针对政策行使自由裁量解读施行的过程中，需要纳入专业社会工作力量的参与，以减少政策解读的偏差，缩短执行距离，确保政策的顺利实施。

（二）在政策执行过程中推动社会工作的多元化、多角色参与

专业的社会工作力量在农村社会工作中除了需要渗透到政策设计制定和行政体系之外，最重要的还是作为第三方力量的参与。在社会保障脱贫工作中，国家作为最强有力的财政保障提供者，专款专项对农村贫困人口进行生计保障方面的支持。而社会工作专业力量的参与除了在政策的制定过程中，秉承专业价值观发声之外，在政策执行过程当中也可以作为第三方对贫困人口进行评估，如前文提到的北京市门头沟区民政局与第三方机构的合作模式，以资源连接者的身份为贫困人口连接政策保障的资源，同时还需要注意加强农村贫困人口的能力建设。在《关于支持社会工作专业

---

① 2017 年 6 月，民政部、财政部、国务院扶贫办联合发布《关于支持社会工作专业力量参与脱贫攻坚的指导意见》，重视社会工作专业力量在脱贫攻坚中的作用。

力量参与脱贫攻坚的指导意见》中明确指出，社会工作专业力量需要参与贫困群众救助帮扶和贫困群众脱贫能力建设，同时加强社会工作专业力量在农村社会工作当中的组织领导和服务协同效用。这些都为社会工作作为社会力量，组织化、专业性地参与到农村社会工作当中提供了保障。需要正视的是，目前我国专业社会工作的发展很不平衡，C县所在城市的社会工作发展刚刚起步，在农村社会工作中还没有专业社会工作力量的参与和介入，相信随着行政部门和社会大众对专业社会工作理念更为广泛的接受以及社会工作专业本土化的不断发展，专业社工力量能够更好地发挥其政策倡导、资源连接和专业评估的效用，介入我国农村最低生活保障制度实践的各环节，弥合目前存在的困境与张力，我国农村社会工作也会朝着制度化、专业化、体系化方向有力迈进。

（三）加强各级专业人才队伍建设

由于我国社会工作的本土化发展历来就有行政力量主导的特征，从而对从事民政部门、扶贫开发小组等与脱贫攻坚等社会服务密切相关的工作人员的综合能力和对社会工作专业的理解有较高的要求。除了增强专业社会工作人才的培养体系之外，相关行政部门的社会工作专业人才队伍建设也是十分必要的。持有社会工作专业资格证书的人数比例仅仅是一种数字化的指标，在脱贫攻坚的过程中，尤其是在社会保障兜底脱贫工作的推行中，最为关键的是民政部门的工作人员需要了解社会工作理念，具备一定的社会工作专业素养，这样在政策执行的过程中如果遇到了行政性和专业性之间的冲突也能更容易理解困境的产生，并秉承使服务对象受益最大化的理念来解决问题，之后及时进行政策上的反思，从而促进政策的完善。

参考文献

陈涛（2014）:《农村社会工作及其主体角色定位》，《湖南农业大学学报》（社会科学版），（3）：6-9。

邓小海，曾亮，罗明义（2015）:《精准扶贫背景下旅游扶贫精准识别研究》，《生态经济》，（4）：94-98。

赖锦鑫（2017）:《农村最低生活保障制度的可持续性研究》，硕士学位论文，江西财经大学。

李可可（2017）:《我国农村低保家庭贫困代际传递研究》，硕士学位论文，北京化工大学。

马楠（2016）：《民族地区特色产业精准扶贫研究——以中药材开发产业为例》，《中南民族大学学报》（人文社会科学版），（1）：128 - 132。

〔英〕迈克·希尔，〔荷〕彼特·修普（2011）：《执行公共政策：理论与实践的治理》，周健荣等译，北京：商务印书馆。

王思斌（2016）：《农村反贫困的制度 - 能力整合模式刍议——兼论社会工作的参与作用》，《江苏社会科学》，（3）：48 - 54。

王思斌（2017）：《我国农村社会工作的综合性及其发展——兼论"大农村社会工作"》，《中国农业大学学报》（社会科学版），（3）：5 - 13。

王天琪（2017）：《山西省宁武县农村低保对象认定问题研究》，硕士学位论文山西财经大学。

张和清，杨锡聪，古学斌（2008）：《优势视角下的农村社会工作——以能力建设和资产建立为核心的农村社会工作实践模式》，《社会学研究》，（6）：174 - 193 + 246。

张爽（2017）：《贵州省农村低保动态管理研究》，硕士学位论文，贵州大学。

赵英丽（2017）：《中国社会救助制度的减贫效应研究》，硕士学位论文，武汉大学。

周绍宾（2017）：《农村留守人员社会工作服务指南》，北京：中国社会出版社。

Subsistence Security System out of Poverty in Rural Areas and Social Work Intervention

Qi Zhengxiao

Abstract：Fighting poverty is an important livelihood task during the "*Thirteenth Five-Year Plan*" period in China. "*Using social insurance as backstop to liberate a group of people from poverty*" is one of the poverty alleviation strategies for poor rural population to get rid of poverty. It has alleviated the basic livelihood pressures of rural poor people suffering from poverty due to illness or disability to a certain extent. In the process of gradual advancement of poverty alleviation, due to the unstable income of rural residents and the discretion of governments at all levels, there are contradictions between the specific practices and related policy theories of the current verification standards of rural low insured households and medical assistance scope. This article takes social insurance as the starting point to expound the problems social insurance system are facing and explore the specific role and effect of social work in the realization of poverty alleviation in rural areas by observing and analyzing the participation of rural residents in the application for subsistence security system and the implementation of the rescue work. It points out that we should pay attention to the power of professional social work and give full play to the dual role of social workers as "intellectuals" and practitioners in the policy design and the practice of social insurance to help achieve the goal of poverty alleviation, promote the development and improvement of social work in rural areas, and provide practical and theoretical support for further promoting the urban-rural integration and equalization of basic public services.

Keywords: Social Assistance; Rural Social Work; Subsistence Security System; Fighting Poverty; Execution Theory

（责任编辑：单良）

案例论文

基本养老保险政策试点进程比较：
一个解释框架

高静华[*]

摘　要：从中央政府的重视程度、地方政府的试点意愿、政策对象的试点意愿三个维度构建一个可解释的理论框架，对四种基本养老保险政策试点进行比较分析，得出试点进程快慢是多种力量综合抗衡的结果。某项社会保障政策试点，如果中央和地方政府的推进意愿强烈，即使改革对象意愿较弱，在中国的威权体制下，依然有可能顺利进行；如果地方政府和改革对象意愿较弱，即使中央政府非常重视，但由于地方政府试验的积极性不足，不够配合或不作为，也会影响改革进程；相反，如果某些政策特别受百姓欢迎，即使地方政府意愿一般，也会在汹涌民意的诉求之下，大大加快改革进程。通过试点制定社会保障政策依然有强大的生命力，但中央层面要加强顶层设计，避免长期"试而不定"，同时投入改革成本，充分调动地方政府的积极性。

关键词：政策试点　主体意愿　养老保险

一　问题的提出

改革开放以来，以"摸着石头过河"为特征的渐进式改革模式成为中国社会治理的独特经验。这种政策试验与创新机制，大大降低了改革的风险和成本，为改革的全面铺开积累实践经验；同时有利于减少政策创新初期的阻力，使改革者赢得更多的支持和创新空间；还有利于减少改革的不确定性，增加结果的可控制与前景的可预期性。因而，通过试验制定政策在中国大受欢迎，已经基本成为中国绝大多数新政策在正式而全面地实施之前必须要经历的固定程序（周望，2011）。

　＊　高静华，中国人民大学中国社会保障研究中心博士研究生，研究方向为社会福利与慈善事业。

社会保障领域的改革创新，也无不与政策试验紧密相关。城镇职工基本医疗保险制度、新型农村社会养老保险制度、城市最低生活保障制度、长期护理保险制度等都经历了试验阶段。从国家出台的相关政策文件中，就可以看出明显的试点特征，《国务院关于印发完善城镇社会保障体系试点方案的通知》《国务院关于开展新型农村社会养老保险试点的指导意见》《国务院关于开展城镇居民社会养老保险试点的指导意见》《国务院办公厅关于城市公立医院综合改革试点的指导意见》等政策文件明确含有"试点"字样。那么，试点对关乎国民切身利益的养老保险政策制定有何影响，从试点政策上升为国家层面成熟定型的社会保障政策受哪些因素影响，中央政府、地方政府、政策改革对象如何在试点过程中进行博弈，本文旨在通过构建一个理论框架来回答这些问题，研究各主体的意愿如何影响不同养老保险政策的试点进度、上升为国家政策的速度快慢等，在此基础上，探讨"试点式改革"对国家基本养老保险政策制定的意义与不足。

二 文献综述

试点是在革命和建设时期就形成的一种"成熟的方法论"（宁骚，2014）。"政策试点"是推动我国经济社会领域政策创新的重要机制，也是我国特色治理实践中所特有的一种政策测试与创新机制，具体形式包括各式各样的试点项目、试验区等（周望，2013）。政策试验主要通过试验性法规、试点、试验区三种形式进行（韩博天，2008），而政策试点是其中最重要的一种试验形式。我国的政策试点不仅得到了国家领导人的认同，而且改革初期在政府部门设置上也给予了支持。邓小平、陈云曾一再申明试验、试点的重要性，多次提出"大胆地试""坚决地试"，要"允许试验""坚持试验"，从试点着手，随时总结经验（陈云，1995）。国家经济体制改革委员会在1988年还专门成立综合规划和试点司，负责对各个部门和地方经济改革试点工作进行指导和协调（周望，2012）。可见，通过试验制定政策是受到中央鼓励的，也是在实践中不断出现并反复使用的重要原因。

我国的政策试点首先被应用于经济领域，是经济腾飞过程中的一个至关重要的政策制定机制（韩博天，2008），随后又逐渐蔓延至社会领域。从中国的实际情况来看，无论是经济政策还是社会政策，从试点政策出台到政策的成熟定型都受到多个主体试点意愿的影响。尤其是中央政府主导的政策试点，其能否顺利进行、试点进程的快慢无疑与地方政府和改革对象的意愿密切相关。现有的研究成果表明，政策试点的结果受多种因素影响，但与主体意愿有何关系尚不明晰。何余（2014）指出，在当前中国政治体制下，政策试验的参与包括中央政府、地方政府及其官僚、中央与地方的关系以及政策试验的相关者，当涉及公共服务提供时，发现几乎每个环节都会扭曲，使通过政策试验来创新公共服务的努力不可能是高效的。吴怡频、陆简（2018）研究发现，试点经费来源、试点实施方案、试点发起机构的专业性三项因素对试点结果具有显著的影响。郑永君（2018）认为地方经济水平和财政收入水平通过梯度性差异产生影响，试点政策属性通过政策目标复杂性和财政性质的支出性产生影响。政策试验还面临着一些机制障碍，穆军全（2015）指出中国政策试验运行失效的直接原因在于政策试验机制与政府间纵向权力运行机制、政府间利益激励机制、领导干部晋升机制等相关机制的关系失调。地方政策试验式改革的空间与国家法律制度完备性的相悖关系；地方在选择政策试验领域、试验方法方面存在机会主义行为倾向；地方政策试验式改革可能面临较大的体制不协调、成本约束等也会对试验结果造成重大影响（吴昊，温天力，2012）。这些研究有利于我们理解政策试点的过程及形成国家政策的机制，但对不同主体如何影响试点进程的研究还比较欠缺。

研究领域方面，一些学者利用政策学习的工具对社会保障相关问题进行了研究。王绍光（2008）通过考察中国农村医疗融资体制过去 60 年的演变历史，发现决策者和政策倡导者能够利用各种形式的实践和实验进行学习和获取必要的经验教训，进而调整政策目标和政策工具以回应不断变化的社会环境。朱旭峰、赵慧（2015）通过分析农民和农民工养老保险政策中三项中央政策的出台过程，提出中央政府的两种自下而上的政策学习机制——对成功经验的吸收和对失败教训的汲取。郑文焕（2013）在对新型农村社会养老保险政策试点过程的追踪及深度访谈的基础上，认为基层地方政府层面的试验性政策跃升为国家级政策主要是三个组织性机制的结合。现有的研究对我们理解社会保障政策的形成过程及政策机制提供了思路，但关于试点进程与主体意愿关系的研究还比较缺乏。养老保险政策是涉及每个人切身利益的改革，改革对象极为关注，试点意愿与自身福利的增长和削减密切相关，本文将通过基本养老保险的试点，说明不同主体的改革意愿如何影响试点进程。

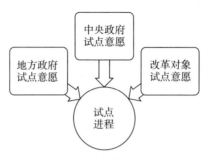

图1 试点进程的影响因素

三 基本养老保险试点政策比较

（一）试点政策

我国城镇社会保障体系的完善、事业单位工作人员养老保险的改革、新型农村社会养老保险和城镇居民社会养老保险制度的建立，都经历了试点阶段。通过试点制定和完善政策已经成为中国养老保险相关制度出台的普遍规律。这与德国1889年在制度设计之初就出台的《老年和残障社会保险法》、美国在1935年就制定的《社会保障法》，以法的形式建立制度不同，中国的养老保险制度出台是以"试点指导意见"开始的。

表1 基本养老保险政策试点文件

养老保险制度	文件名称	试点范围	试点时间	试点方案
完善城镇职工基本养老保险制度	国务院关于印发完善城镇社会保障体系试点方案的通知（国发〔2000〕42号）	严格选定试点市，国务院确定，只选择辽宁省在全省范围内进行完善城镇社会保障体系试点；其他省、自治区、直辖市自行决定是否进行试点，如决定试点，可确定1个具备条件的市进行试点。各地区确定的试点市名单要报国务院试点工作小组备案	2001年在辽宁省及其他省（自治区、直辖市）确定的部分地区进行试点	按照《试点方案》组织试点，试点市要根据《试点方案》尽快拟订具体的工作计划和实施办法，报省级人民政府批准后实施

续表

养老保险制度	文件名称	试点范围	试点时间	试点方案
事业单位基本养老保险制度	国务院关于印发事业单位工作人员养老保险制度改革试点方案的通知（国发〔2008〕10号）	在山西省、上海市、浙江省、广东省、重庆市先期开展试点，与事业单位分类改革试点配套推进。未进行试点的地区仍执行现行事业单位退休制度	2009年1月，国务院要求5个试点省份正式启动此项改革	各试点地区要按照《试点方案》制订具体的实施方案，报国务院批准后实施
新型农村社会养老保险制度	国务院关于开展新型农村社会养老保险试点的指导意见（国发〔2009〕32号）	省（自治区、直辖市）人民政府要根据本指导意见，结合本地区实际情况，按要求选择试点地区，报国务院新农保试点工作领导小组审定	2009年试点覆盖面为全国10%的县（市、区、旗），以后逐步扩大试点，在全国普遍实施，2020年之前基本实现对农村适龄居民的全覆盖	省（自治区、直辖市）人民政府根据本指导意见，结合本地区实际情况，制定试点具体办法，并报国务院新农保试点工作领导小组备案
城镇居民社会养老保险制度	国务院关于开展城镇居民社会养老保险试点的指导意见（国发〔2011〕18号）	省（自治区、直辖市）人民政府要根据本指导意见，结合本地区实际情况，按要求选择试点地区，报国务院试点工作领导小组审定	2011年7月1日启动试点工作，2012年基本实现城镇居民养老保险制度全覆盖	各省（自治区、直辖市）人民政府要根据本指导意见，结合本地区实际情况，制定试点具体实施办法，并报国务院试点工作领导小组备案

资料来源：作者整理。

（二）基本养老保险政策试点的相同点

1. 成立"试点工作领导小组"

建立完善的城镇社会保障体系是关系改革、发展、稳定的一件大事，国务院成立了由劳动保障部牵头的国务院完善城镇社会保障体系试点工作领导小组，负责对试点工作进行具体协调和指导。试点地区也要成立由政府主要领导负责的试点工作领导小组，具体组织试点工作。建立完善的事业单位工作人员养老保险制度，直接关系事业单位工作人员切身利益，涉及面广，政策性强，必须先行试点，积累经验，积极稳妥地推进。为此，劳动部、财政部、人事部、中央编办组成了试点工作领导小组，加强对试点工作的协调和指导，及时总结试点经验，不断完善改革方案。"新农保"和城镇居民社会养老保险试点工作由国务院新型农村和城镇居民社会养老保险试点工作领导小组统一领导，组织实施。国务院试点工作领导小组研究制定相关政策并督促检查政策的落实情况，总结评估试点工作，协调解决试点工作中出现的问题。可见，四项基本养老保险政策试点都成立了试点工作领导小组，略有不同的是，城镇职工养老保险制度和事业单位人员养老保险制度是在主管部委层面成立试点工作领导小组，而城乡居民基本养老保险政策试点是在国务院层面成立试点工作领导小组。

2. 根据中央层面的试点方案和指导意见开展试点

四种基本养老保险政策试点都是根据中央层面的试点方案和指导意见进行，属于中央主导下的政策试点，而不是由地方自发的政策试验。《国务院关于印发完善城镇社会保障体系的试点方案的通知》要求按照试点方案组织试点，试点市要根据试点方案尽快拟订具体的工作计划和实施办法，报省级人民政府批准后实施。事业单位工作人员养老保险制度改革试点要求各试点地区按照试点方案制订具体的实施方案，报国务院批准后实施。"新农保"和"城居保"的要求相对宽松，规定各省、自治区、直辖市人民政府要根据指导意见，结合本地区实际情况，制定试点具体办法，并报国务院试点工作领导小组备案。

（三）政策试点的不同

1. 试点范围不同

完善城镇社会保障体系试点方案中，国务院规定只选择辽宁省在全省范围内进行完善城镇社会保障体系试点；其他省、自治区、直辖市自行决定是否进行试点，如决定试点，可确定 1 个具备条件的市进行试点。2004年，国务院又新增了吉林省、黑龙江省作为完善城镇社会保障体系的试点省份。事业单位工作人员养老保险制度改革的试点范围严格确定为山西省、上海市、浙江省、广东省、重庆市，未进行试点的地区仍执行现行事业单位退休制度。"新农保"和"城居保"的试点范围都是省（自治区、直辖市）人民政府根据指导意见，结合本地区实际情况，按要求选择试点地区，报国务院试点工作领导小组审定即可。

2. 试点时限与进度不同

《国务院关于开展新型农村社会养老保险试点的指导意见》规定，2009

年试点覆盖面为全国 10% 的县（市、区、旗），以后逐步扩大试点，在全国普遍实施，2020 年之前基本实现对农村适龄居民的全覆盖。但事实上，"新农保"参保人数在 3 年之内实现了大幅增长，很快就从 2010 年初的 3326 万人增加到 2012 年底的 4.6 亿人，制度建设速度大大超出了试点预期。因此，随后出台的《国务院关于开展城镇居民社会养老保险试点的指导意见》规定，"从 2011 年 7 月 1 日启动试点工作，2012 年基本实现城镇居民养老保险制度全覆盖"。可见，与新农保相比，城居保的试点时限大大缩短，制度建设进程大大加快了。与之形成鲜明对比的是，尽管 2008 年国务院常务会议讨论并原则通过了《事业单位工作人员养老保险制度改革试点方案》，并确定在山西、上海、浙江、广东、重庆 5 省（市）先期开展试点，与事业单位分类改革配套推进，然而 5 个试点省（市）的改革进展一直非常缓慢。2015 年，国务院又出台了《关于机关事业单位工作人员养老保险制度改革的决定》，将改革的范围扩大到公务员，使解决养老保险长期存在的"双轨制"问题迈出了重要一步，也奠定了统筹城乡养老保障体系建设的里程碑。

四 基本养老保险政策试点改革的解释框架

政策试点进程的快慢受多种因素的影响，本文主要从中央政府的重视程度、地方政府的试点意愿、政策对象的改革意愿三个维度分析，构建一个可解释的理论框架。

表 2 试点进程与主体意愿

试点政策	中央政府重视程度	地方政府试点意愿	政策对象改革意愿	改革进程
完善城镇社会保障体系试点	强	较强	较弱	快
事业单位工作人员养老保险改革试点	强	较弱	较弱	慢
城乡居民基本养老保险试点	强	一般	较强	快

资料来源：作者制表。

完善城镇社会保障体系有利于从根本上解决辽宁省一些深层次的结构性、体制性矛盾，对于振兴老工业基地，加快经济社会发展起到了重要作用。其改革是伴随着国企改革的步伐进行的，而且投入了大量的改革成本，使这个制度从探索到有序建立，因此中央政府非常重视，地方政府也有改革的意愿。对城镇职工来讲，改革意味着丢掉"铁饭碗"。但在中央和地方的强势推动下，试点依然有序进行，完成了城镇职工养老保险的转型。

事业单位养老保险制度改革是健全市场环境的客观要求，有利于推进事业单位改革的进一步深化，养老保险制度改革是破解其依赖财政供给惯性的突破口，因此中央非常重视。但由于这项政策牵涉面广，改革涉及地方政府和事业单位工作人员的利益，地方政府试点的积极性并不强，也影响了改革进程。

新型农村社会养老保险和城乡居民社会养老保险这两项政策规定养老保险基金主要由个人缴费和政府补贴构成，意味着加重了地方政府的财政负担，因此地方政府的试点意愿一般，甚至在新农保的试点文件中规定，到2020年实现全覆盖。但由于是增进城乡居民福利的改革，百姓试点意愿强烈，大大加快了制度建设进程，在2012年前后即实现了制度的全覆盖。

五　结论与启示

（一）试点进程快慢是多种力量综合抗衡的结果

通过对四种基本养老保险试点政策的案例研究，可以得出基本养老保险政策的出台都经历了试验阶段，但试点进程快慢有别，究其原因，是受到不同利益主体试点意愿的影响，是改革者和被改革者利益博弈的过程。某些政策试点，如果中央和地方政府的推进意愿强烈，即使改革对象意愿较弱，在中国的威权体制下，依然有可能顺利进行；对于某项政策，如果地方政府和改革对象意愿较弱，即使中央政府非常重视，但由于地方政府试验的积极性不足，不够配合或不作为，也会影响改革进程；相反，如果某些政策特别受百姓欢迎，即使地方政府意愿一般，也会在汹涌民意的诉求之下，大大加快改革进程。

（二）通过试验制定政策依然有强大的生命力

2013年12月中央全面深化改革领导小组成立，负责改革总体设计、统筹协调、整体推进、督促落实，表明高层更加重视改革的顶层设计。顶层设计有利于政策从试验性状态尽快走向成熟、定型，但并不是对摸着石头过河改革路径的否定。实际上，由于改革的深刻性、复杂性和艰巨性，我们的改革仍然是渐进性改革，加上改革本身就具有历史惯性和路径依赖，通过试验制定政策依然具有生命力，社会保障领域的改革也是如此。可以预见，未来社会保障领域的很多关键性政策，比如长期护理保险政策等仍将会在各地政策试验的基础上制定。

（三）加强顶层设计避免长期"试而不定"

归根结底，政策试验只是出台政策的路径、手段，是我们通向政策目标的策略性选择。通过试验推动复杂性、艰巨性的改革是必要的，但要避免长期试而不定，尤其是改革难度大、牵涉面广、会触及部分强势群体切身利益的方面，需要中央政府加强顶层设计，尽快拿出方案，进行中央主导下的政策试验。比如类似机关事业单位工作人员养老保险制度的改革，如果靠地方先行先试来推动改革就非常缓慢。另外，户籍制度的改革，由于带来的利益是宏观的、全国性的，指望通过自下而上的改革，由地方政府承担改革成本去推进的可能性就比较小，至今进展缓慢，迫切需要中央强力推进。

（四）投入改革成本，充分调动地方政府的积极性

在中国目前的政治体制内进行政策试验存在一个关键性的难题，如果试验项目不能立即给地方带来好处，用试验推动改革的成功机会就微乎其微。我们不能期待在国家整体性制度改革没有进行的情况下，地方政府会启动可能影响自己政绩和限制自身权力的改革措施。特别是如果某种改革可能对当地的稳定造成或多或少的威胁，即使中央非常重视也会遭遇到地方政府的推诿。事业单位工作人员养老保险制度改革过程已经清楚地表明了这一点。为此，需要国家投入改革成本，减少中央和地方的利益冲突，激发地方政府政策试验的积极性，促进改革顺利进行。

参考文献

陈云（1995）：《陈云文选》，北京：人民出版社。

韩博天，石磊（2008）：《中国经济腾飞中的分级制政策试验》，《开放时代》，（5），31-51。

何余（2014）：《政策试验在公共服务创新中的作用机制及其影响系统》，《理论界》，（2），152-155。

穆军全（2015）：《政策试验的机制障碍及对策》，《中国特色社会主义研究》，（3），57－62。

宁骚（2014）：《政策试验的制度因素——中西比较的视角》，《新视野》，（2），27－33。

王绍光（2008）：《学习机制与适应能力：中国农村合作医疗体制变迁的启示》，《中国社会科学》，（6），111－133＋207。

吴昊，温天力（2012）：《中国地方政策试验式改革的优势与局限性》，《社会科学战线》，（10），37－45。

吴怡频，陆简（2018）：《政策试点的结果差异研究——基于2000年至2012年中央推动型试点的实证分析》，《公共管理学报》，（1），58－70。

郑文焕（2013）：《地方试点与国家政策：以新农保为例》，《中国行政管理》，（2），16－20。

郑永君（2018）：《政策试点扩散的过程、特征与影响因素——以社区矫正为例》，《内蒙古社会科学（汉文版）》，（1），31－36。

周望（2011）：《"政策试验"解析：基本类型、理论框架》，《中国特色社会主义研究》，（2），84－89。

周望（2012）：《政策扩散理论与中国"政策试验"研究：启示与调适》，《四川行政学院学报》，（4），43－46。

周望（2013）：《中国"政策试点"研究》，天津：天津人民出版社。

朱旭峰，赵慧（2015）：《自下而上的政策学习——中国三项养老保险政策的比较案例研究》，《南京社会科学》，（6），68－75。

Comparison of the Pilot Process of Basic Endowment Insurance Policies：An Explanatory Framework

Gao Jinghua

Abstract：This paper constructs a theoretical framework from the three dimensions of the central government's willingness to pilot the policy, the local government's willingness to pilot the policy, and the policy object's willingness to pilot the policy. A policy experiment, if the central and local governments are willing to push it forward, even if the target of reform is less willing to do so, is likely to proceed smoothly under China's authoritarian system. If the willingness of the local government and the target group to pilot the reform is weak, even if the central government attaches great importance to it, the reform process will be affected by the lack of motivation, cooperation or inaction of the local government experiment. On the contrary, if the pilot policy is particularly popular with the people, even if the local government's will is modest, it will greatly accelerate the reform process in response to the surge of public opinion? There is still a strong vitality in China to make social security policies through trial and error, but the central government should strengthen top-level design, avoid long-term "trial and error", and invest in the cost of reform to fully mobilize the enthusiasm of local governments.

Keywords: Policy Pilot; The Willingness of the Subject; Basic Endowment Insurance Policies

（责任编辑：张潮）

农村土地股份制改革的思考

——以佛山市南海区为例

廖炳光*

摘　要：土地股份制是在农村土地集体所有制下对家庭联产承包责任制的一次变革。在沿海发达地区的土地股份制运作过程中，集体资产的增加引起了村庄治理的危机和集体成员权界定的困难。南海区的土地股份制改革为农村集体经济走出上述困境探索了一条道路：由地方政府主导设计和建立一套市场化逻辑的农村集体资产的分配、交易、管理和经营制度，将村社集体经济组织界定为市场主体，从而避免集体所有制下的种种弊端。

关键词：土地股份制　村庄治理　土地确权　股份化

一　问题的提出

新中国成立以后，在农村集体化运动中，中国建立了农村集体所有制经济。改革开放以后，农村最重要的生产资料——土地仍然实行"集体所有、双层经营"的家庭承包责任制。作为农村经济社会的基本制度，集体所有制既是一项产权制度，也体现了农村治理结构的变迁：新中国成立初期的土地改革打破了传统乡绅治理结构；随后的农村集体化运动又建立了政社合一的人民公社制度和三级所有、队为基础的集体所有制相结合的乡村治理结构；改革开放以来，农村废除了人民公社制度，但保留三级所有、队为基础的所有权结构，通过家庭承包责任制将土地使用权和收益权下放到农户，同时形成以党支部为核心、党支部和村委会双元治理模式。

改革开放以来，沿海地区通过发展"三来一补"加工业启动了农村工业化，土地非农化利用的价值也日益凸显。在家庭联产承包责任制下，土

＊　廖炳光，清华大学社会学系。

地分布的"碎片化"、使用权按户平均分配以及土地增值带来的收益分配等问题不断凸显，与土地集体所有制和家庭联产承包制的矛盾也越来越大。珠三角和长三角等地区的农村率先自下而上地尝试引入土地股份制，通过股份合作的形式给予农民对以土地为主的集体资产股份占有、收益、有偿退出及抵押、担保和继承权等权利，在一定程度上缓和了上述矛盾。目前，除长三角和珠三角以外，还有多个省市在试点推进土地股份制改革，国土部也表态"将鼓励有条件的地方进行农村土地股份制改革"①。

从集体所有制下的土地家庭联产承包责任制向土地股份制转变的过程并非一蹴而就。在这种转变过程中，有两个问题一直困扰着村社集体和村民：一是党支部和村委会双重领导的村庄治理结构下，集体资产的经营不可能形成有效的"委托－代理"关系，村民无法监督和影响村社领导对集体资产的支配；二是如何界定集体成员的问题，土地股份制的建立和完善往往也是土地升值、集体资产急剧增加的过程，一些"边缘"群体对成员权和集体股份的诉求越来越成为村社的经济负担和社会不稳定因素。

广东省佛山市南海区是全国最早尝试土地股份制的地区之一。尽管村社经济发达，但是南海区直到近年来才逐渐采取措施完善土地股份制。由于土地集体所有制是农村社会经济结构的基础，土地股份制改革对农村的影响不仅限于产权和经济领域，其对整个农村的村社治理结构也产生了深远的影响。

本文主要通过介绍农村土地股份制建立及变迁的案例，解释土地股份制改革在村庄治理层面的影响。本文的主要资料来自笔者 2010 年 8 月和 2013 年 4 月两次在南海区的实际调研。

二 文献综述

（一）农村土地集体所有制的形成和特征

新中国成立前后，新政权在农村推行了土地改革，通过平均地权实现了"耕者有其田"。1952 年土改基本完成后实行的农民土地私有制，农民拥有完整的土地产权，土地权利束中的所有权、使用权和收益权是完整统一

---

① 《国土部：鼓励有条件地方进行农村土地股份制改革》，新华网，http://news.xinhuanet.com/politics/2011－11/20/c_111180416.htm。

的（赵阳，2007：24）。从1952年至1956年底，农业的经营形式先后经历了私有土地上的分户经营、互助经营、合作统一经营，以及集体公有土地上的集中统一经营等几个阶段。到高级社阶段，其基本特征是生产资料（包括土地）集体公有基础上的统一经营、共同劳动、统一分配（陈锡文等，2008：42）。这套农村经济体制一直运行到1978年农村家庭承包制改革前，其结果是中国土地集体所有制变成以成员权为核心的产权安排，无论人口增减的变化，农村社区的全体成员都拥有土地的收益权。

当前我国的农村集体所有制是一种以成员权为核心的产权制度。1978年农村改革以来，中央政府将土地承包关系从"三十年不变"调整为"长久不变"，希望稳定农村土地承包关系，但与农民的意愿却有一定差距。龚启圣和刘守英（1998）对全国8个县800个农户的调查发现，62%的被访农户对中央政府极力提倡的"三十年不变"的土地承包的新政策持保留意见；陶然等（2009）对6省30县的2200户农户的调查发现，对"土地承包期限30年不变"政策持保留态度的被访者高达62.79%。土地集体所有制的主要道义目标是为9亿农民提供生存保障，但当代中国大多数村庄的土地的产权界定是以村民的成员权优先为原则的，土地集体所有制只能实现均平目标，不能真正为村民提供生存保障（曹正汉，2007）。

（二）土地股份制的兴起及其利弊

改革开放以来，中央政府在国企改革中引入了股份制。与此同时，基层农民也在自发运用股份制来调整集体所有制的安排。20世纪90年代初期，佛山市南海区的少数几个村开始尝试用土地股份制推行新的农地制度安排。南海区土地股份制的基本做法包括：一是把土地功能划分为农田保护区、经济发展区和商住区；二是将集体财产、土地和农民承包权折价入股，在股权设置、股红分配和股权管理上制定章程，一切经营活动按章办理。这样，以村委会或村民小组为单位享有对土地的集体经营权替代了以家庭为单位的土地承包权，农村土地由过去的集体所有、农户家庭分散承包变成了集体所有、集体经营（蒋省三、刘守英，2004）。作为珠三角地区的另一个工业重镇，顺德市也早在1994年2月就出台了《关于改革村委会建制，推行农村股份合作制的若干政策》，将2000多个生产队组织合并为197个村（居）并进行土地流转；到2008年，顺德共计已成立261个股份社，平均每个行政村有2.4个土地股份社（田莉，罗长海，2012）。目前全国已有 17 个省（自治区、直辖市）进行了农村土地股份制改革，占全国省份的 55%（冷宏志，2015）。土地股份制的改革并没有触动农村土地集体所有制的基础，而是针对农民的集体土地权能残缺不全，重占有、使用权能的问题，将集体土地的收益权和处分权也赋予农民。而且土地股份制改革也凸显集体经济组织成员权难界定、集体经济组织政经不分等问题。刘愿（2008）认为南海区的土地股份经济不仅收入渠道单一，而且农民股权收益水平低并遭遇代理人侵害，在中国农村强制推行土地股份制可能是得不偿失的不可逆过程。傅晨（1996）也指出，土地股份合作制的产权要素是极不完整的，由于社员的土地是由集体产权分解而来的，个人只享有按股分红的收益权，而没有所有权，不准买卖、转让和继承；股东失去了"用脚投票"的表态方式，因而在社区股份合作组织的领导和决策有可能违背股东利益时不能进行监督。

（三）农村产权制度与村社治理结构

长期以来，我国的农村土地集体所有制面临两大难题：一是集体土地所有权行使代表不明确。虽然村民小组、村和乡（镇）三类农民集体并存的主体格局基本稳定，但大多数农村集体经济组织名存实亡，村民小组比较弱势，乡村两级以管理权替代财产权的现象突出（Ho，2001）。二是成员资格界定也不规范，缺乏明确界定。我国法律虽然明确规定农村集体资产产权归属农村集体经济合作组织所有，但农村集体资产产权归属问题比较复杂，以"三级所有、队为基础"的体制模式，从来没有在法律上清晰认定它归谁所有，对集体的社区成员没有作出明确的资格界定。

从历史演进的过程来看，农村集体所有制的不同形态是不同时期国家－农村关系的反映。申静和王汉生认为集体产权界定的问题主要包括外部边界的界定和内部权利的分配。其中，外部边界由两方面的关系决定：（1）国家与集体的关系；（2）集体与其他组织和个人的关系（申静，王汉生，2005）。集体化经济的实质是"国家控制农村经济权利的一种形式"，集体在合法的范围内，仅仅是国家意志的贯彻者和执行者。它至多只是占有着经济资源，并且常常无力抑制国家对这种集体占有权的侵入。集体公有制既不是一种"共有的、合作的私有产权"，也不是一种纯粹的国家所有权，它是由国家控制但由集体来承受其控制结果的一种农村社会主义制度安排（周其仁，1995）。

三　集体资产的增加与村庄实体化

南海区位于珠三角腹地，夹在广州市与佛山市之间。1978 年以来，南海区的行政区划经历了几个阶段：1983 年以前南海县分别由佛山地区革委会和行政公署管理；1983 年 6 月至 1992 年 9 月由佛山市管辖；1992 年 9 月撤县建市；2002 年 12 月，国务院批准设立佛山市南海区；2005 年 1 月，南海区将 17 个街镇合并为 2 街 6 镇；2013 年调整为 1 街 6 镇。

南海区工业化的基础是对农村集体土地的充分利用。20 世纪 90 年代初，面对大量外地和本地企业到这里寻求土地投资办厂的机遇，沿海地区都在利用农村集体土地吸引外资来发展"三来一补"加工业。得益于农村改革和国家开放政策，南海各级政府和农民集体将各自手中控制的土地进行统一规划和整合后出租给企业使用，形成县、镇、乡、村、组"五个轮子一起转"的发展格局。到 2002 年，南海全市工业用地共 15 万亩，其中保持集体所有性质的有 7.3 万亩，几乎占了一半。实际用于工业的农村集体建设用地的规模可能更大。这种不改变土地集体所有权性质，农民集体只靠出租土地（非自用土地创办集体企业）参与工业化的方式，也成为南海快速实现农村工业化的秘诀（国务院发展研究中心南海调研组，2010）。短短 10 多年时间，这片以"桑基鱼塘"盛名的土地就变成了全球知名的"工业带"：南海的经济总量从 1978 年的不到 4 亿元扩增到 2017 年的 2692.07 亿元，增长 672 倍。

作为村社主导的工业化的结果，农民集体成为土地非农化级差收益的主要分享者。南海靠集体土地租用启动的工业化，避开了国家土地征用环节，农村集体建设用地直接进入非农使用所创造的土地级差收益得以保留在村庄内部。由于农民集体保有土地集体所有权，他们能长久享有土地级差收益。南海让农民以集体土地参与工业化的模式，也决定了南海工业化进程中不同于其他模式的土地利益分配规则、公共服务提供模式、农民分享工业化成果的方式。

南海模式的特征可以概括为"村组为主体、集体土地启动的工业化，村组两级经济成为南海经济的命脉"。在农村工业化中，由于工业用地与农业用地的不同特点，地方政府统一部署，将包产到户时分到农户经营的土地集中到村经济联社（即村民小组）或管理区（即行政村）。经济联社或管理区再将集体土地进行统一规划，或以土地直接出租或在土地上建好厂房、商铺对外出租，从事土地的非农经营。从此，村组两级集体经济组织在南海农村工业化进程中扮演举足轻重的角色，成为推动经济快速发展的主要载体。

为了经营土地，南海对集体经济组织进行改造，组建以村民小组或行政村为单位的股份公司，使整个村社由原来的分户经营变成了一个以经营土地为目的，以分配土地收益为纽带的实体。村组两级经济成为南海经济的命脉：到2009年，村组两级集体资产达到237.12亿元，村组两级集体可支配收入达到43.27亿元；村组成立的股份公司以商铺和厂房招商引资，同时经营土地和鱼塘等集体资产的发包业务。从2009年南海区村组两级集体可支配收入的结构来看，土地承包收入、厂房出租收入和店铺出租收入三类收入占村级集体可支配收入的48.7%，占小组级可支配收入的66.9%（见表1）。

表1　2009年南海区村组两级集体经济可支配收入情况统计

单位：万元

收入类型	村级		小组级	
	收入	比重（%）	收入	比重（%）
总收入	193566	100.0	288725	100.0
经营收入	40618	21.0	32835	11.4
土地承包收入	56743	29.3	143196	49.6
厂房出租收入	28694	14.8	31564	10.9
店铺出租收入	8877	4.6	18505	6.4
企业上交收入	14814	7.7	6207	2.1
其他承包收入	9482	4.9	20139	7.0
投资收益	3057	1.6	7117	2.5
补助收入	3096	1.6	451	0.2
其他收入	26267	13.6	18877	6.5

数据来源：南海区城乡统筹办公室。

村庄的实体化带来了两个显著后果：一是农民以成员权资格参与土地级差收益的分红。为了保障集体组织下每个成员的土地权利，南海在将土地的使用由原先的集体所有、农民家庭分散承包变成集体所有、集体经营时，用集体土地股份制替代了原来的农户分户承包制，以股权证置换农民手上的承包权证,以股权保障每个成员在土地非农使用以后的土地级差增值收益分配。1994~2000年,南海区农民人均股份分红纯收入从1062元增加到1951元,每年递增10.7%(享受教育、医疗、养老等项补贴除外)。2005~2009年,随着村组两级集体资产的增加,村组两级股份分红的金额也在不断上涨(见表2)。

表2 南海农村集体资产和股份分红情况 (2005~2009年)

年份	村组两级集体资产总额 (亿元)		村组两级股份分红金额 (亿元)	人均股份分红金额 (元)
	村级集体资产总额	组级集体资产总额		
2005	91.3	91.8	10.3	1523
2006	95.9	99.0	12.2	1708
2007	100.2	108.2	15.1	2124
2008	103.4	120.8	16.8	2347
2009	107.1	130.1	18.2	2467

数据来源:南海区城乡统筹办公室。

二是村庄开始将提供公共品和公共服务作为主要职能。农村集体建设用地直接进入非农使用所创造的土地级差收益主要保留在村庄内部,村社成为土地非农化级差收益的主要分享者和村庄公共品的主要提供者。随着村组两级经济实力迅速壮大,集体土地收入承担起提供社区公共品和公共服务的功能。1992年到2009年,村组两级农村公共品总投入合计769567万元,用于公益事业的投入从1.57亿元增加到33.30亿元,公益事业投入占村组两级农村公共品总投入的比重从31.46%提升至43.28%。

四 土地股份制的危机

南海村组两级集体经济经过30多年的发展,其资产已经达到很大的体量。早期集体经济组织主要是从事土地和厂房出租,资产经营风险和资金监督成本相对较低。但是,近20年来,南海村组两级集体资产总量不断扩增,到2000年村级和组级可支配收入分别达到16.1亿元和27.1亿元。据2010年统计,南海区村组两级在管账面资产总额达到258.43亿元,在管货币资金达到47.60亿元,在管合同7.5万宗,总标的金额达到422亿元。集体资产的壮大提高了农村公共服务水平，为农民的生存和经营活动提供了保障，但同时也带来了一系列的问题。

（一）村庄治理结构的不兼容

在集体所有制下，集体资产的经营管理体制在很大程度上受制于村庄治理结构。在南海农村工业化和农村集体资产高速增长的同时，旧的村庄治理结构却没有调整，集体资产的经营因此也受到影响。改革开放以来，南海的农村"三级所有、队为基础"的制度框架基本保留，只增加了一个村民自治制度，形成了党支部—村组两级集体经济组织（股份公司）—村民自治组织的三元村庄治理结构。随着集体经济的壮大，这套治理结构也遭遇了困境。

首先，村级治理机构仍然实行了党支部和村委会"两元制"管理结构，二者权力不清，职责不明，导致以党代自治或自治和党治两张皮的现象。党支部和作为集体经济组织的股份公司之间往往人员交叉任职，导致党支部直接负责集体资产经营也出现大量问题。在较长一段时间内，庞大的农村集体资产总量，其管理、出让、出租、发包权却全部掌握在村集体的手中。村中某些人垄断集体资产，个别不良村干部非法牟利，村民上访时有发生。党控制经济出现政经不分：《中国共产党农村基层组织工作条例》规定村党支部有"讨论决定本村经济建设和社会发展重要问题"的权力；《村民委员会组织法》规定村民委员会有"办理本村公共事务和公益事业"的责任；在实际中，这种书面上的界定不能完全区分开来，村党支部的"领导核心"权力范围也没有界限。

其次，集体资产经营的管理制度不完善。农村集体资产管理中的产权特别是最重要的土地资产的产权模糊，虽然法律规定农村土地归农民集体所有，但集体资产的经营权主要掌握在少数村干部手中，大部分农民很少有机会介入集体资产的处置。很多村集体资产的经营尽管由股份公司在经营，但是股份公司本身极不规范，董事会、经营层和监事之间的权责划分与行使不规范，导致集体资产经营和保值增值困难。南海一些村组已超越原来的界限，将集体资金用于其他风险更高项目的投资。尤其是在区政府推进产业升级和三旧改造以后，项目资金规模、土地开发模式和利益主体日益多元化。如果继续沿用原来的对集体资产使用的限定，不利于集体资产的保值增值。另一方面，集体资产经营中的委托代理风险加大，也带来了新的问题。据南海区农村工作部统计，全区村组集体债务为 47.6 亿元（不包括担保债务），其中村级集体债务为 42.8 亿元，覆盖面约 90%，涉及金额达 42.8 亿元，平均每个村集体债务 1700 多万元。

近年来，南海区虽然制定了一套完整的农村财务管理制度，但有极个别村组落实相关制度不到位，财务管理监督机制不够完善，甚至没有村集体资产台账。面对如此庞大的经济总量，农民对村组两级干部不信任度在增加，近年来上访事件明显上升。集体资产的"委托－代理"难题有可能造成集体资产流失，阻碍农村经济的发展，给农村带来不稳定因素。

（二）成员权集体所有制困境

随着土地股份制的建立，南海的农户在土地权益的分享上从承包权转向股权，但是，集体所有制的核心制度安排——成员权制度不仅没有削弱，而且更加强化。村组两级的股份制的制度安排是以集体成员权为基础的，土地出租以后的土地分红也是以成员权为基础的，在实际运行中也引起了一些问题。

一方面，土地收益分配福利化倾向增强。集体组织为了化解集体成员对土地收益的质疑，不断强化公共福利和公共事业投入，而不是将资金用于投资。为了解决土地收益福利化问题，南海过去 20 年也不断对土地股份制进行改革，既有固化股权、增强股份流动的改革，也有将以土地福利化为纽带的股份分配与以资产为纽带的股份分配分离的改革，还有以户为单位替代以集体成员为单位的股份制改革，但是这些对集体成员权股份制的改革要么限于个别村庄，要么推行一段以后又回到原来的成员权股份制，一直没有走出集体成员权为纽带的股份制困境。

另一方面，成员权制度引发了大量的股权争议。南海地区农村股权争议一直牵扯各级党政领导的精力，成为长期困扰各级部门的一大难题。随着经济发展，农村股权争议由过去少数股份经济合作组织的争议发展到现在多数股份经济合作组织的争议；由过去个别镇街道存在农村股权争议扩展到现在所有镇街的争议。农村股权争议的地域范围不断扩大，呈蔓延发展态势。农村股权争议从原来的农村出嫁女及其子女的股权争议演变为农村出嫁女及其子女、"非转农"成员以及居住在农村的城市居民的争议，争议的人员结构从单一结构向多元化结构转变。

困扰南海的外嫁女问题，就是成员权集体所有制弊端的典型表现。据

统计，南海全区农村出嫁女及其子女有 32521 人，其中农村出嫁女有 17414
人，子女 15107 人；未落实股权的农村出嫁女及其子女有 5342 人，占总数
16.4%，其中农村出嫁女有 1654 人；农村出嫁女的子女有 3688 人。外嫁女
问题对南海区土地股份制的运行带来了较大的干扰：

> 外嫁女的问题，最后法院判了还是强制执行，要给她分股份。除
> 了外嫁女还有其他人也来争这个股份，比如越战老兵、知青、原来买
> 户口进城的、征地失地的农民都来争这个股份。我们前几天还截访过
> 一个知青，80 年代户口随着进厂变成居民，后来工厂倒了，他就回
> 到原来农村里干活，他家人都在农村，他说就享受 10 年，现在还是
> 要回来。还有以前花钱买户口出去进城的……全区现在有 4 万多名外
> 嫁女，其他要求股权的人加起来一共 7 万人，这都要争股份分红的
> 权利。①

> 农村的股权问题也是维稳的重要工作，农村维稳办每天都接触这
> 些，调解办、接待办、信访办，全部是这些。当兵的、知青、外嫁女。
> 农办的很大一部分精力花在对这些人的接待上。我们的治安、维稳的
> 成本越来越高，像丹灶这样的后发地区的矛盾没有这么严重。②

五　重启土地股份制改革

（一）农村集体资产确权和股权固化

2008 年，南海区在全区开始启动农村集体资产的重新确权和股权固化
工作。当年 6 月，南海区委、区政府出台了《关于推进农村两确权，落实
农村"出嫁女"及其子女合法权益的意见》，首次提出要贯彻男女平等原
则，按照"五同"原则进行股权配置。2009 年初，南海区挑选了 10 个试点
村，开展集体经济组织对农村集体资产所有权确权以及农村经济组织持股
成员与非持股成员身份确认工作。截至 2009 年 8 月，全区超过 96% 的村组

---

① 狮山座谈会记录 NH20100820。
② 罗村镇座谈会记录 NH20100821。

完成了政策落实，近 2 万名"出嫁女"及其子女的合法权益得到了保障，彻底解决"出嫁女"权益问题有望实现。

南海区农村集体资产确权工作的核心是"两确权"，即对农村集体资产产权确认和农村经济组织成员身份确认。在区政府统一组织和安排下，各村社一方面对农村集体经济组织所有的农村农用土地所有权、集体建设用地所有权、宅基地所有权等集体资产重新盘点，清产核资，依法界定资产权属；另一方面，在依法落实农村"出嫁女"及其子女权益的基础上，按照《广东省农村集体经济组织管理规定》以及《佛山市南海区农村集体经济组织成员资格界定办法》的有关规定，重新核实人口，依法界定农村集体经济组织成员资格，建立管理台账（南海区政府办，2011）。各村社则按照"五同"（同籍、同权、同龄、同股、同利）的原则来确定各村社股份分红方案，户籍性质相同的同一农村集体经济组织的成员具有相同的股东权利和义务，年龄相同的股东享有同等数目股数和股份分红。通过"两确权"，区政府确认了"出嫁女"的范围，扫清了南海解决"出嫁女"问题的政策法规障碍。

集体经济组织成员身份确定后，另一项重要的工作就是集体资产的股权固化。南海区政府梳理了股权固化工作中的 17 类特殊人群，除其中 4 类人群外[1]，考虑其他 13 类人群对集体经济组织的经济权益的需求，在固化股权改革中予以配股。

全区界定的特殊人群共 2.1 万人，予以配股的有 1.7 万人。[2] 股权固化的重点是推进"股权到人"改"股权到户"工作，南海区要求各街镇、村社"在总结桂城平南村'股权固化到户'的经验基础上，选择某一时点作为农村股权固化的截止时点，以个人股权为基础，以户为单位，将股权一次性固化到家庭"（南海区政府办，2011）。南海区在股权改革工作中的具体做法可见下面平南村深化股权制度改革的案例材料：

案例：南海区桂城街道平南村深化股权制度改革

平南村位于桂城街道南部，辖下 4 个村小组，总户数 1826 户，户籍人口 6345 人，其中，参加股份分配户数有 1718 户，参加股份分配人

---

[1] 其中包括在农村购买宅基地的，包括寄居和挂靠户，还有不是村集体的人但是户口进入农村的，共有 5000 多人。

[2] 南海区统筹办座谈会记录 NH201300401。

数有 5555 人；2009 年全村集体资产 3.2 亿元，集体可支配收入达 6600 万元，人均股份分配 3573 元。该村"两委会"积极开展股权固化到户、股权与福利分离的改革试验，主要采取了以下做法。

一是对村集体所有资产进行全面清查，聘请有资质的评估公司对村集体经营性用地和物业进行评估计价入账，建立资产台账，并将资产评估结果向全体村民张榜公布，让全体股东心里有了一本明白账。

二是依法依规，界定成员。以 2009 年 12 月 15 日 24 时为股权固化时点，认真界定集体经济组织成员，依据有关文件，将符合成员资格的出嫁女及其子女全部纳入成员和股东范畴，并将《成员确认通知书》发至各户，由本经济组织成员签名确认，确保每位成员的权益。

三是股权固化到户。以 2009 年 12 月 15 日 24 时为时点，将全部资产折股量化，固化到户，并以户为单位进行管理，以后以户为单位核发股份分红，不直接分配到个人。股权流转只能以户为单位，在平南村中的户与户之间进行流转。以后即使是户内小孩出生、家庭人员死亡、嫁入媳妇或嫁出女儿，平南村的总股权数不再增加或者减少，固化了存量，减少了增量。

四是出资购福利。将村集体福利和股权分离，村民即使不拥有股份，只要一次性缴纳 5000 元的福利统筹金，也可以享受村除老人金外的其他福利。

五是创新了股权流转方式，突破了股权个人与个人到户与户之间流转转变。该村《股权管理细则》规定，股权流转只能以户为单位，在本组织内的户与户之间进行流转。股权流转方式分股权分户、过户、并户、销户、股权收益经济组织外继承五种形式。同时规定股权流转后发生双方户内人员人均股数低于 1.5 股的情形不准流转，有效避免违纪、违规和违法等人员钻政策空子逃避股份分配处理，有力地强化农村社会管理。

（二）建立集体资产交易平台

为进一步巩固农村集体资产确权的成果，进一步规范农村集体资产管理和交易行为，南海区从 2010 年开始在丹灶镇等试点推进农村集体资产管理交易平台的建设，随后在全区推广。在这个过程中，南海区和各街镇政府建立和完善了农村集体资产交易的一整套制度①，制定和规范了农村集体资产交易立项、街镇审核、交易信息发布、民主表决、合同签订鉴证、交易结果公布等工作流程，保障了农村集体资产交易平台的有序运行。南海区打造农村集体资产交易平台的主要做法包括四个方面。

一是建立和完善了农村集体资产管理台账。南海区对村、组集体资产进行全面清产核资，按照资源性资产、经营性资产、非经营资产三大类别将集体的每间物业、每个鱼塘、每块土地、每份合同等信息全部录入软件系统，建立了资产交易、资产管理和合同管理三个台账，并与镇、街道、农村集体资产管理交易平台的信息相衔接和动态更新。

二是搭建镇村两级资产交易平台。南海区把原本分散的村组集体资产交易全部整合到管理交易平台上，村组集体资产按照一定的面积和标的额进行分级管理，达到一定面积和标的额的在镇、街道、农村集体资产管理交易中心进行交易，从而确保了集体资产公开、透明、公正地交易。

三是建立农村集体资产交易信息发布平台。南海区要求集体资产的出让方（发包方）必须在指定网站和集体资产交易中心以及各村社的公告栏上发布最新的交易信息，集体物业和农用地交易项目需提前 7 天发布，集体建设用地使用权交易项目需要提前 30 天发布。

四是规范和完善集体资产的交易流程。南海区和各街镇制定和细化了相关工作流程和规则，对农村集体资产管理交易行为进行制度上的规范，并指导农村集体资产交易按规定的审批、交易程序和规则进行。

南海区农村集体资产交易平台的搭建和规范化运作确保了农村集体资产交易公平、公正、公开，减少了因农村集体资产交易不规范而引发的矛盾，增加了农村集体资产收益，提高了村民收入，促进了农村社会和谐稳定。

（三）推动村居政经分离

在全面实施"村改居"后，2011 年南海开始启动"政经分离"改革。按照"城乡统筹、突出核心、政经分离、强化服务"的思路，南海区制定实施了《关于深化农村体制综合改革的若干意见》《印发〈南海区村（居）

---

① 包括《南海区农村集体资产管理交易平台建设试点工作方案》《关于全面推进农村集体资产管理交易平台建设工作的意见》《南海区农村集体资产管理交易办法（试行）》《南海区农村集体资产管理交易流程》等一系列政策措施。

党组织工作细则（试行）〉等九个文件的通知》及系列配套政策，全力推进以自治组织、集体经济组织相分离为重点的农村综合改革，具体做法是"五分离"。

一是选民资格分离。明确界定各基层组织的选民资格，村（居）党组织领导成员由所在党组织的全体党员选举产生；村（居）委会领导成员由具有选民资格的村（居）民选举产生；集体经济组织领导成员由具有选举资格的社员股民选举产生。2011年南海区已全面铺开集体经济组织单独选举。

二是组织功能分离。明确党组织的职责是"三务一监督"，即党务、政务、服务和监督，明确对集体经济组织的监督职能。自治组织回归社会事务管理，强化社会建设。集体经济组织在党组织和社员股东的监督下，利用集体资产交易平台和集体资产监督平台开展集体经济经营管理。

三是干部管理分离。改革前，南海是村（居）党组织书记兼任村（居）委会主任、经济联合社社长，党务、政务、服务、经济管理"一肩挑"体制。改革后，南海明确村（居）党组织书记不能兼任集体经济组织领导成员，村（居）委会领导成员与集体经济组织领导成员不得交叉任职，但提倡村（居）"两委"成员交叉任职，特别是实现党组织书记和村（居）委会主任"一肩挑"；提倡村（居）党组织副书记、委员与集体经济组织负责人交叉任职。

四是账务资产分离。村（居）集体土地的所有权确权登记在村（居）集体经济组织名下，非经营性资产使用权确权登记在自治组织名下；开设财政拨款专户、自治组织行政专户、经济组织专户，实行资产、账务和核算分离；建立集体资产管理交易平台和农村资产监管平台，强化对集体经济组织的监管。

五是议事决策分离。制定工作细则，理清了村（居）党组织、自治组织、集体经济组织的职责任务，按照各自议事主体、范围、权限、流程进行议事决策。

在"政经分离"之前，南海的村社采取的是村（居）党支部、村（居）委会、经济联合社（股份联合社）三位一体的混合型管理模式。"政经分离"改革明晰了村庄基层组织的"三驾马车"各自的权限职责：党组织负责基层党建及对社区事务的监管；自治组织承担社区公共服务；集体经济组织解决集体经济组织的发展与股东分红事宜（邓伟根、向德平，2011：81－82）。

六 结论与讨论

(一) 案例总结：南海区土地股份制改革的脉络

在中国经济高速增长的过程中，快速工业化和城市化给大量村庄带来了巨额的财富。20 世纪 80 年代以来，南海农民借助改革开放的东风和港资外资投资的热潮，开始"洗脚上田"发展"三来一补"加工业，依靠出租集体土地参与和实现了村庄的快速工业化。在这一过程中，"村组两级经济成为南海经济的命脉"，村庄实体化趋势不断显现并带来两个后果：(1) 农民以成员权资格参与土地级差收益的分红；(2) 村庄开始将提供公共品和公共服务作为主要职能。

在村庄集体经济发展和公共服务能力增强的同时，南海的土地股份制的危机不断加深。村庄治理结构的滞后和集体所有制安排的缺陷所带来的发展中的矛盾越发凸显，集体资产的产权模糊、经营管理不善和成员权不明确等问题成为困扰村社集体经济发展的主要障碍。在村庄治理层面，当前党支部和村委会二元的村庄治理结构越来越不适应农村发展和变迁，两个治理主体之间权力不清、职责不明、政经不分；同时集体资产经营管理制度中的"委托－代理"难题造成集体资产流失和干群关系紧张。在村庄内部成员权制度层面，土地收益分配福利化倾向增强，导致村庄成员权制度不断强化，无法克服集体成员权为纽带的股份制困境；此外，以"外嫁女"问题为代表的成员权股权争议成为社会冲突的焦点，带来了维稳的压力。

面对土地股份制危机的不断加深，南海区从三方面入手重启了土地股份制改革。首先，启动农村集体资产的重新确权和股权固化，通过对农村集体资产产权和农村经济组织成员身份的"两确认"，从根本上解决了集体资产产权模糊的问题，消除了引发股权争议的基础。其次，建设农村集体资产管理交易平台及其配套制度，确保了农村集体资产交易的透明化和公平、公正、公开，更容易接受上级政府的监控和村民的监督。最后，推动以自治组织、集体经济组织相分离为重点的农村综合改革，即村居"政经分离"改革，具体包括选民资格、组织功能、干部管理、账务资产和议事决策的"五分离"，从而明晰了村庄基层组织的"三驾马车"各自的权限职责，理顺了村庄治理结构。

（二）南海区土地股份制改革的主要启示

党的十八届三中全会以来，各地各级政府为全面深化改革采取了大量的基层制度创新。南海区作为改革前沿阵地广东省"先行先试"的制度创新"试验田"，为其他地区的农村基层制度创新提供了一些可供借鉴和参考的经验。

首先，在基层制度改革中坚持市场在资源配置中起决定性作用。南海工业化腾飞的动力来自制度改革和国内外市场的开放，土地股份制作为农村土地集体所有制下对家庭联产承包责任制的一次变革，在80年代以来的工业化进程中取得了不可磨灭的功绩。但是市场经济的进一步发展，对土地要素市场化的要求不断提升，从而对土地股份制产生了倒逼的推力。引致"南海模式"制度演进的基本诱因是土地要素的需求条件的变化。当土地要素的需求条件发生了变化，土地利用的级差收益就显现出来了，从而刺激了土地利用方式及用途的改变（刘宪法，2011）。南海区的土地股份制改革通过确权和政经分离解决了两大问题：集体成员的固化和村庄精英对集体资产的干预两大问题，使股份制从一种分配制度逐渐过渡为真正能与市场经济相衔接的制度，为南海区下一步工业转型升级、腾笼换鸟和发展服务业提供了新的制度红利。

其次，坚持政府在制度创新和改革中的主导地位。南海区的土地股份制改革的一大特征就是由地方政府推进到底。从确权和股份固化，到集体资产交易平台的建立，再到政经分离，整个土地股份制改革延续的思路就是要将资产日益增加的集体经济组织变为一个市场主体，而不是沦为村党支部和村委会争夺的牺牲品或者集体以外的成员觊觎的对象。在这个过程中，南海区政府不仅进行了整套改革的顶层设计，还采取了大量配套措施保证了改革的推进和执行。

最后，坚持由下而上、持续渐进的改革逻辑和尊重地区差异化的原则。南海区土地股份制危机的根源在于村组两级的集体产权（主要是土地股份）的模糊不清和村庄治理结构的滞后。南海区土地股份制改革的"三步走"策略也是先从集体资产的确权入手，逐步解决集体资产交易中的不透明、不规范问题，最后再以全区的力量推动整个村庄治理层面的"政经分离"改革。这一改革过程体现了自下而上、先易后难的特点。另一方面，在农村股权固化的截止时点等问题上，南海区给予各街镇充分自主权，尊重历史条件和地区差异做出选择。

总之，独特的经济发展路径、内生性的动力以及地方政府的支持是南海模式成功的条件，这些条件在其他地区不一定具备，但是指出了随着市场化改革和土地制度改革的深入，农村集体所有制安排的内生性问题。南海区的土地股份制改革为农村集体经济走出上述困境探索了一条道路：在地方政府的主导下，通过设计和建立一套市场化逻辑的集体资产的分配、交易、管理和经营制度，将村社集体经济组织界定为市场主体，从而避免了集体所有制下的种种弊端。

参考文献

曹正汉（2007）：《土地集体所有制：均平易、济困难》，《社会学研究》，（3），18－38。

陈锡文，赵阳，罗丹（2008）：《中国农村改革30年回顾与展望》，北京：人民出版社。

邓伟根，向德平（2011）：《捍卫基层：南海政经分离体制下的村居自治》，武汉：华中科技大学出版社。

傅晨（1996）：《农地股份合作制的制度创新》，《经济学家》，（5），99－105。

龚启圣，刘守英（1998）：《农民对土地产权的意愿及其对新政策的反应》，《中国农村观察》，（2），18－25。

国务院发展研究中心南海调研组（2010）：《南海发展模式的变迁、困境与出路——南海十二五城乡统筹发展面临的抉择与建议》，内部报告。

蒋省三，刘守英（2004）：《土地资本化与农村工业化——广东省佛山市南海经济发展调查》，《经济学》，（10），211－228。

冷宏志（2015）：《稳妥推行农村土地股份制改革的思考》，http://mt.sohu.com/20150226/n409171964.shtml。

刘宪法（2011）：《"南海模式"的形成、演变与结局》，载张曙光主编，《中国制度变迁的案例研究（第八集）》，68－137，北京：中国财政经济出版社。

刘愿（2008）：《农民从土地股份制得到什么？——以南海农村股份经济为例》，《管理世界》，（1），75－81。

南海区人民政府办公室（2011）：《关于深化农村体制综合改革的若干意见》（南发〔2011〕2号）。

申静，王汉生（2005）：《集体产权在中国的实践逻辑》，《社会学研究》，（1），113－148。

陶然，童菊儿，汪晖，黄璐（2009）：《二轮承包后的中国农村土地行政性调整——

典型事实、农民反应与政策含义》,《中国农村经济》, (10), 12 - 20。

田莉, 罗长海 (2012):《土地股份制与农村工业化进程中的土地利用——以顺德为例的研究》,《城市规划》, (4), 25 - 31。

赵阳 (2007):《共有与私用》, 北京: 三联书店。

周其仁 (1995):《中国农村改革: 国家与土地所有权关系的变化——一个经济制度变迁史的回顾》,《中国社会科学季刊》(香港), (6)。

Ho, P. (2001). Who Owns China's Land? Policies, Property Rights and Deliberate Institutional Ambiguity. *The China Quarterly*, (166), 394 - 421.

Reflections on the Reform of Land Share-holding System
—A Case Study on Nanhai District of Foshan City

Liao Bingguang

Abstract: Land share-holding system is a reform of the family-contract responsibility system without the change of collective ownership of rural land. As the land share-holding system operates and the collective assets increase, the crisis of village governance and collective membership system deepens. The land share-holding system reform in Nanhai district explored a new way of rural collective economy to get out of the circumstance: local governments design and establish a system of allocation, transaction, management and operation of rural collective assets, thus can define the collective economic organizations as a market player, and avoid the weaknesses of collective ownership.

Keywords: Land Share-holding System; Village Governance; Registration of Land; The Stock System

(责任编辑: 闫泽华)

系统理论下的环境政策议程建构过程分析

——以美国 20 世纪六七十年代为例

杨华涛[*]

摘　要： 随着我国社会经济的发展，人们对于环境问题的关注日益增加。20 世纪六七十年代的美国也曾面临着严重的环境问题，环境保护运动作为曾经席卷整个美国社会的风潮，对美国甚至是全球的环境治理均产生了深刻的影响。与此同时，环境问题的背后一些更深层次的问题被带出，比如环境问题所依托的政治、经济和文化背景，以环境危机为代表的触发事件在重组参与者的情境认知中的作用，以及公民与政府的关系。从议程建构的角度分析美国这一时期的环境运动，对于深入理解环境问题本身和整个公共政策过程具有重要的理论价值和实践意义。本文运用系统理论和触发机制理论对美国这一历史时期的环境运动进行了深入研究。通过对美国这一时期环境政策议程建构过程的全面分析，分析了环境议程建构的输入和输出要素，讨论了复杂的政治系统过程，并在本文最后提出了相应的政策建议。

关键词： 美国　环境政策　政策议程建构

一　导论

改革开放以来，我国经济发展取得了巨大的成就，但是与之伴生的环境问题同样触目惊心。对于环境的治理，我国政府十分关注环境政策的制定，先后出台了众多的法律和相关条例，但是环境问题依然没有得到很好的解决，政策制定背后的许多深层次的东西尚待发掘。

在学术界，为了让政策科学更好地服务于政府决策者，政策研究的重

---

* 杨华涛，湖南大学法学院硕士研究生。

心从政策制定转移到政策评估，从政策执行过渡到政策终止，却始终没有寻找到解开"政策失效"的钥匙。在这样的背景下，一部分学者逐渐将目光转移到"前政策分析"阶段，即公共政策问题自身的本质与界定上。对于政府部门来说，要想制定正确的公共政策，并且在执行过程中实现预期的效果，首先应该对公共问题做出正确的界定，对政策分析者而言，问题界定则是研究政策变迁、建议议程方案、预测政策效果的一个好视角。公共政策说到底是政治过程的产物，所以对于一个问题的认定并不仅仅在于问题本身的性质如何，更重要的是社会各界对于这个与自己相关的问题做出何种反应，有什么样的政策诉求，行政主体对这些诉求如何做出回应。

美国 20 世纪六七十年代也曾有过一段环境问题的凸显期，在这一时期内，众多主体积极参与，主动创新，特别是在环境政策议程参与制定方面，使环境问题最终在复杂的社会体制之内得到了较好的解决，美国环境治理的经验包括不足之处有许多值得我们去深入探讨的地方。本文旨在通过对美国六七十年代环境保护运动中政策议程建构过程的分析，结合公共政策相关理论，梳理归纳出公共议程建立的影响因素和相关机制，从理论上加深对整个政策过程的理解，在实际应用上结合中国的情境进行一定的对比分析和思考讨论，以获得相关的启示。

本文的行文结构和基本内容如下：第一部分梳理国内外的研究现状；第二部分对文中的相关概念和理论依据给予辨析；第三部分对美国六七十年代环境运动中的政策议程机制进行系统分析；第四部分归纳了美国这一时期环境议程建构过程中存在的一些内生的结构性问题以及美国社会的应对措施；第五部分将探讨美国环境政策议程的建构过程对于我国公共政策过程的启示。

二 文献综述

学术界现有的对于该时期美国环境问题与环境政策关系的研究已较完备，从社会学、经济学、生态学、政治学和历史学等角度对生态资源保护、环境政策制定和环保压力集团等问题进行了很多有价值的分析。

有学者重点研究了美国环境保护史上的生态资源保护与问题根植的社会背景和该时期政策的关系。Worster 通过对美国 20 世纪 30 年代南方风沙灾害的研究指出了过度放牧和开垦等人类行为对于生态平衡的毁灭性破坏

（Worster，2004）。Miller 综述了美国 1850～1920 年荒野保护运动的演进过程，他认为环保运动的背景和过程能够洞悉一个时期生态资源保护运动的内在要求（Miller，2010）。Dant 则关注了美国荒野保护行动（Wilderness Movement）并认为从环保理念到社会运动再到立法存在一定的发展轨迹（Dant，2008）。

也有学者研究了环境政策制定和实施过程中所体现的政治博弈。Hays 对这一时期环境运动的政治过程表现出了浓厚的兴趣，他认为环境运动本身是一场政治运动，公众、利益集团和政府等在环境政治中各自施展自己的影响力，以期掌握环保话语权，维护自身的利益（Hays，1989：67–92）。Engel 和 Feller 等人研究了政府部门之间在空气污染治理问题上的权责分配问题（Engel，Feller & Friedman，2012）。Gormley 更具体地指出了联邦和州政府在环境治理上的态度差异及其对环境政策实践的影响（Gormley，2010）。

有些学者则对环境政策的成本－收益问题进行了专门分析。Crandall 通过对工业污染的管制研究指出，联邦政府的空气污染立法尽管耗资巨大，但没有取得预计的效果，总的来说是没有效率的（Crandall，1993）。Guasch 和 Hahn 在《管制的成本和收益》（The Costs and Benefits of Regulation：Implications for Developing Countries）一书中却得出了截然相反的结论，他们指出，尽管污染治理会让经济发展受到短期的影响，但管制的效益在长远看来是收益大于成本的，即环境管制在经济上是有利可图的（Guasch & Hahn，1999）。

对环保压力集团的研究也较为丰富。Kraft 认为环保利益集团是推动环保政策出台的主要力量，不同环保政策的出台正是不同时期环保压力集团以不同方式运转的结果（Kraft，2000）。如果说 Kraft 的研究是对环保组织影响的客观分析的话，Switzer 则对环保主义的兴起表达了一定的担忧，他认为环保主义是阻碍环保运动进一步发展的主要原因，对 20 世纪 70 年代反环保运动的兴起负有直接的责任（Switzer，1997）。

从历史事件及政策变迁的角度进行研究是美国环境政策研究的显著特点，相关著述也颇多。Dunlap 和 Mertig 在《美国 1970－1990 年环境运动的演进》一文中总结了美国环境运动在 70 年代之后所呈现出来的新特征（Dunlap & Mertig，1992）。Sale 在《绿色革命：1962－1992 年的环保运动》一书中对美国近 30 年间的环境运动进行了系统的综合研究，分析了在大众媒体中作为一种视觉符号的化学毒素与身份、地点以及不确定性等因素的相互关系（Sale，1993：170 – 182）。侯文蕙的《征服的挽歌：美国环境意识的变迁》是我国第一部有关美国环境史研究的专著，她在该书中对美国建国以来环境意识的变迁以及与环境问题相关的政治、经济、文化等因素进行了综合的分析（侯文蕙，1995：149）。综上言之，对深刻影响美国历史的环保运动，国内学者从各自关心的领域出发进行了诸多有价值的研究，特别是环境史学界对其给予了高度关注，但史学角度的研究侧重于宏观的叙述，缺乏细微的政策过程分析。已有的从公共管理学角度的解析一般集中在政策问题的认定、政策议程的推动以及决策机制的研究，强调环境政策形成过程中的利益博弈和政策执行过程，对环境问题到政策问题之间阶段研究即政策议程建构过程的研究较少。

三 分析框架

（一）政治系统理论

公共决策是一个复杂的过程，戴维·伊斯顿将其简化为政策阶段或者说是政策周期模型。生物系统中生命过程相互影响，通过与环境的不断交互作用，产生一种变化着的稳定状态。系统分析模型借用了生物系统的范式，他认为政治活动的维系也必须依赖系统的平衡。杜鲁门总统认为利益集团之间会设法保持某种平衡状态，此状态一旦被打破，利益集团就会做出回应甚至是要求政府做出干预。政治系统是一个静态的结构和动态的过程（Easton，1965：68 – 80）。

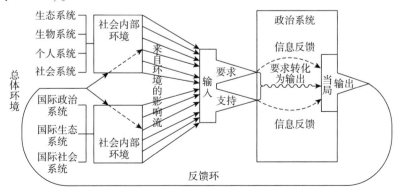

图1 政治系统的动态响应模式

在政治系统的动态响应模型中，要求与支持的输入是政治系统的核心过程。这两种政策行为都来源于环境系统中的问题和冲突，经由某个群体或政府官员而被带入政治系统。作为两种输入形式，它们也可以产生于政治系统的内部，政治系统本身的过程或结构安排也可能会产生压力，比如美国权力分立体制对于立法活动的影响。政治通过流向政治系统的各类因素促使政治系统发生变化，通过政治结构和政治过程，政治系统是一种手段，它将来自环境的输入转化为输出。要求指个人或团体为了满足自身的利益需求，要求政治系统对价值进行权威性地分配；支持则是对于政治系统满足其诉求而做出的决策或采取的行动的认可，如投票、遵守选举、服从法律、纳税等行为。

政治系统被称为"黑箱"，作为中枢，由一个社会中可识别并且相互关联的机构和活动组成，如政府机构的行政管理活动（伯恩斯等，2007：104）。经过某种转化过程后，要求和支持形成决定、法规、司法判决、政策和执行等输出。但至此，政策过程并没有完结，系统与环境之间存在持续的交互作用，二者之间相互渗透。政治系统的输出还包含影响未来输入的反馈。在反馈环节当中，来自政治系统的影响或输出源源不断地流进环境系统之中，政治系统的输出反过来成为环境的输入。

系统分析理论并不像制度理论一样强调制度和结构，而是强调作为一个整体的过程，虽然在政治实践当中，政治系统并不是严格地按照要求、转化和输出这样简单的逻辑程序来进行，但是系统理论对于我们分析复杂的公共议程的建构过程提供了有益的参照，系统之间关联状态的概念化模型可以应用于政治系统与大环境系统之间的分析。

（二）格斯顿的触发机制理论

格斯顿认为触发机制是公共政策的根源，是公共政策问题的起点，是公共政策制定过程中的决定性前兆，它起到了组织政策问题、使其在公众议程中凸显的作用。在政治过程的背景中，一种触发机制就是一个重要的事件（或整个事件），该事件把例行的日常问题转化成一种普遍共有的、消极的公众反应。例行的问题借由触发事件催化出某种情绪压力和要求变革的政策诉求。触发机制可能推动公共政策一触即发，触发机制的重要程度视其产生的社会反应而定，如果社会以正常的态度接受某种变化，则触发机制的影响可以降到最低限度。

触发机制在政策过程的早期具有识别和澄清问题以及重组政策制定者和公众意识水平的重要作用。触发机制的作用虽无法预见和评估，但它有助于定义新问题及随后的政策回应的选择。触发机制对公共政策过程的影响来自范围、强度和触发时间这三个因素的相互作用，这三个因素有助于断定特定事件对公共价值的影响（张金马，1992：145-148）。

（1）范围，即受触发机制所影响的人数。如果某一事件具有普遍的社会意义，它就有采取行动的广泛基础，反之则难以得到决策者的认同。

（2）强度，即公众感觉到的事件强度。如果某件事以担忧或愤怒的形式受到关注，公共政策的制定者们更有可能对舆论压力给予重视。哪怕只有一点点的公众利益和压力，问题也能得到政策制定者们最低限度的注意。

（3）触发时间，即事件开展的时间段。有些事件很快为人所知，有些事情则要酝酿很长的时间。但是触发事件的效力与时间并不存在必然的关联。

触发要素对于政策过程的影响可以是单方面的，也可以是协同的。只要有一点公众利益和压力，某一问题就能得到公共政策制定者们最低限度的注意，如果由各类触发因素引发的效应相互作用，形成合力，则能在更大程度上引发决策者的关注。一个问题越是体现这三个性质，则越可能得到政策制定者的重视和回应，但大多数触发事件并不满足范围、强度和触发事件的效力三者合一的条件。触发机制不一定按照预料方式开展，触发机制可能刺激后续事件，如地震引发的余震一般，但是事件产生的动力可能在延续的一段时期中扩大范围和强度。如水门事件的持续发酵最终导致了尼克松的下台。

四　环境议程的政治系统分析

（一）环境议程的政治输入分析

1. 环境危机

环境问题并非20世纪六七十年代所独有，早在十几年前，频发的生态灾难就已向美国社会敲响了警钟。1943年，一场突如其来的雾霾袭击了"天使之城"——洛杉矶。1948年，宾夕法尼亚州多诺拉遭遇强雾霾，数千人遭受侵害。尽管联邦政府在事后出台了一些所谓的空气和水污染控制法规，但环境治理还是未能取得实质性的进展。

到了六七十年代，环境问题无论是在范围还是强度方面都更引人关注。1969 年初，度假胜地加州圣芭芭拉海湾地区由于钻井平台事故受到污染，此前这里一直是理想的美国生活的象征。这次污染事故让美国公众颇为恼火，联邦政府也不得不承认自己在此事件中的监管缺位，更重要的是，更多的普通美国人意识到"环境保护需要美国人的积极参与和支持"（徐再荣，2013：145）。1969 年夏，俄亥俄州克利夫兰的凯霍加河（Cuyahoga River）上漂浮的油污引发熊熊大火，这次事件因为电视报道而家喻户晓，并对美国公众的心理产生了巨大的冲击，要求联邦政府承担起水环境保护职责的呼声前所未有地高涨。

环境危机往往是环境政策过程的起点，危机将原本隐藏在幕后的环境问题推向台前，并把日常的社会问题转化为普遍、消极的公众反应，其政治影响主要是通过制造巨大的舆论压力，迫使政府的决策优先权进行重构，并迅速出台针对性的污染治理措施。危机的政策推动力不仅受其自身强度和范围的影响，并且往往由于媒体或环保行动的发酵而被不断放大。

2. 环保组织

20 世纪六七十年代美国的环境保护运动之所以卓有成效，环保组织在其中扮演了关键性的角色。在它们的领导之下，环保运动取得了一些阶段性的胜利。其中比较有影响力的环保组织是荒野协会和塞拉俱乐部。

荒野协会主要通过游说地方、州、联邦政府达到自己的环境诉求，在有关公共土地的斗争中它们总是冲在第一线。1964 年通过的《荒野法》被誉为"美国文明的里程碑"（Gottlieb，2005：34），该法案由荒野协会的霍华德·扎尼泽（Howard Zahniser）撰写，它不仅创造了荒野的法律定义，并且将大片先前由联邦行政当局管理的土地纳入了自然保护区的范围。在经过了旷日持久的 8 年努力和 6 轮草案审议之后，法案最后由约翰逊总统签署生效。它给美国社会留下了巨大遗产，美国的荒野保护体系从此以后不断得以拓展，如今被指定为荒野的区域广泛分布在全美 44 个州，占美国国土面积的将近 5%。不仅是《荒野法》，荒野协会在六七十年代所颁布的类似法律中也扮演了关键角色。在整个争取荒野权益的过程中，荒野协会开展了广泛的宣传，取得了大量民众的支持，在参众两院举行的听证会中，人们纷纷致函对法案进行声援。

成立于 1892 年的塞拉俱乐部不仅历史悠久，而且成绩斐然，它最为人们所称道的环保行动是 20 世纪 60 年代的大峡谷保护运动。塞拉俱乐部

1966 年在《纽约时报》和《华盛顿邮报》上面刊登的整版广告一经登出，就在社会上迅速刮起了一阵舆论风暴，美国民众发起了声势浩大的对国会的抗议活动，大峡谷保护运动最终以政府公共工程的流产告终。今天，当美国人展示它们国家的如画风景时，大峡谷往往是令人骄傲的一张名片，或许很少有人还记得曾经艰苦卓绝的环境抗争，但背后隐含的美国精神永远不会被世人遗忘。

纵观美国环境保护团体的历史，20 世纪六七十年代是其数量增长最为显著的时期，由表 1 可知，在 1989 年之前的所有年代里六七十年代新成立的环保组织在数目上达到了一个明显的峰值，并且绝大多数直到 90 年代仍然在发挥影响力（鲍姆加特纳、琼斯，2011：28）。这一时期普通公众对于环保问题的关切使他们积极投身于环保事业当中，在资金和人员方面给予了极大支持，而这又反过来成为这一时期环境保护运动得以焕发出勃勃生机的源泉所在。

表 1 　20 世纪六七十年代美国成立的环保组织数目

单位：个

	1900 年前	1900 ~ 1949 年	1950 ~ 1959 年	1960 ~ 1969 年	1970 ~ 1979 年	1980 ~ 1989 年
新成立的环保组织	10	70	39	100	171	58
至 90 年代仍在运行的环保组织	10	65	30	81	144	58

3. 大众传媒

新闻报道的作用主要是提高民众和决策者的问题意识，柯布（Roger W. Cobb）将这个过程称为"唤醒"（Cobb，1983：325 – 340）。媒体报道对公共事务不仅起到了发现机制的作用，并且通过使冲突社会化，将一开始为私人问题的环境问题转化为公共问题。媒体往往是公共政策过程中各方角力的主战场，一方面政策制定者不得不对主流媒体的报道做出回应，并努力将媒体观点转化成公共政策议程；另一方面，公共官员也可以成为舆论的"操纵者"，政府官员和利益集团会刻意向媒体提供经过精心筛选过的信息，以此影响公众舆论。

媒体在这一时期美国环境保护话语体系构建中的地位举足轻重，特别是电视等新兴媒体的普及更是加大了环保信息的传播效应。环保主义逐渐成为主流媒体的叙事对象，环境利益集团惯用的语言逐渐被媒体用来描述环境问题相关新闻，媒体报道采用了环保议题中活跃的利益集团所使用的标语和口号。随着这些语言和观念被接受，媒体也开始信任这些政治系统中未被表达或认真对待过的观点。

在 20 世纪六七十年代的环保运动中，60 年代的大峡谷保护斗争、1969 年的凯霍加河大火以及 1970 年的地球日活动等很多事件经由主流媒体的报道而受到全美瞩目。作为说服、规劝大众的工具，传媒在环境政策议程构建的过程中具有独特的地位，很多问题经由媒体的揭露才得以成为公共议程的一部分。媒体通过"制造"和"装扮"问题，使环境问题成为人们关注和讨论的"危机"问题，最终迫使政府官员采取措施去解决这些问题（戴伊，2002：136）。

4. 政治领袖

环保运动开始在这一时期美国的政治生态中扮演日益重要的角色，具有环保主义倾向的总统候选人日益受到选民青睐。由于环保成为全美关切的话题，美国的总统竞选者和当选总统在竞选纲领和执政政策中也都努力地贯彻环保理念，以迎合手握选票的选民。20 世纪六七十年代或许是美国社会环境与政治结合最紧密的时代，尽管经济和外交依旧是选民关注的中心，但环境在竞选运动中的地位日益提高。这一时期的约翰逊（Lyndon Johnson）、尼克松（Richard Nixon）和卡特（Jimmy Carter）是否真的热心环保事业并不重要，对环境政策议程的构建过程而言，总统的姿态更为重要。

约翰逊总统在名为"伟大社会"（The Great Society）的竞选纲领里提出了一系列涉及城市改造、交通、环境、贫困、医疗、犯罪、教育方面的宏大社会改革计划，与以往不同的是，环境问题开始逐渐上升为联邦政府的中心议题，约翰逊在任内 12 项全方位的环保法案兑现了当初的竞选承诺。

尼克松总统作为保守派政治家，他对环境保护并没有过多的热情，但迫于环境问题的政治影响，他采取的一些环保措施却对日后的环保运动产生了最为深刻的影响。《国家环境政策法》（National Environmental Policy Act）的通过和环境保护局的建立都是美国环保史上划时代的事件，他在任内第一份国情咨文中对环境问题的专门阐述也为后继者开创了一个先例。尽管尼克松积极的环境动员是为了获得政治上的补偿，但在客观上开创了美国环保的新局面，这既是一种讽刺，也是这一时期环境运动和美国政治生态的真实写照。

卡特总统在任内组织编撰了《公元 2000 年的地球》一书，用以作为

"长期规划的基础"，该书对地球上各国的经济发展对人口、环境、资源的影响做了政策性的战略调查报告，不仅深刻影响了美国未来的环境政策走向，并且对世界各国的环境行动产生了深刻影响（美国环境质量委员会，1981：5）。

（二）环境议程的政治输出分析

1. 环保机构的建立

《国家环境政策法》明确规定了联邦政府的环境监管职责，直接推动了联邦各环保机构的成立。1969 年，隶属于总统办公厅的环境质量委员会（Council on Environmental Quality）成立，该机构负责协调美国境内的环保行动，并与其他联邦政府机构在能源政策和环境发展等方面开展紧密合作。1970 年，在时任总统尼克松的提议下，直属于联邦政府的美国环境保护局（Environmental Protection Agency，EPA）正式成立。EPA 下设行政和资源管理、空气污染和辐射、化学品安全及污染预防、环境信息、法律顾问、监察、国际和部落事务以及土地和应急管理等各个办公室，实现了治理对象的全覆盖以及相关行政资源的配套。

表 2　美国环保局各区域办公室的管辖范围

分区	下辖地区
区域 1	康涅狄格州、缅因州、马萨诸塞州、新罕布什尔州、罗德岛和佛蒙特州
区域 2	新泽西州、纽约州、波多黎各和美属维尔京群岛
区域 3	特拉华州、马里兰州、宾夕法尼亚州、弗吉尼亚州、西弗吉尼亚州和哥伦比亚特区
区域 4	亚拉巴马州、佛罗里达州、乔治亚州、肯塔基州、密西西比州、北卡罗来纳州、南卡罗来纳州和田纳西州
区域 5	伊利诺伊州、印第安纳州、密歇根州、明尼苏达州、俄亥俄州和威斯康星州
区域 6	阿肯色州、路易斯安那州、新墨西哥州、俄克拉荷马州和得克萨斯州
区域 7	艾奥瓦州、堪萨斯州、密苏里州和内布拉斯加州
区域 8	科罗拉多州、蒙大拿州、北达科他州、南达科他州、犹他州和怀俄明州
区域 9	亚利桑那州、加利福尼亚州、夏威夷州、内华达州、关岛和美属萨摩亚群岛以及纳瓦霍族
区域 10	阿拉斯加州、俄勒冈州和华盛顿州

资料来源：根据 EPA 官网相关资料整理，https://www.epa.gov/aboutepa/epa-organization-chart。

美国环保局的分支机构同样遍布全美，它下辖 10 个地区办公室，负责所划区域内的项目执行。此外，EPA 还拥有为数众多的环境研究专门机构，旨在制定和执行环境法规，从事或赞助环境研究及环保项目，加强环境教育以培养公众的环保意识和责任感。如今的美国环保局已成为拥有 1 万多名雇员，下属机构遍布全美，在环境评估、研究、教育方面发挥引领作用的庞大组织。

美国环保局的设立不仅仅是行政管理体制的创新，更是环境保护地位提升的直接体现。环境保护不再仅仅是来自底层的呼声、学者的倡议和政治宣传的口号，依托强硬的联邦环境保护法律，它还有了切实的行动能力。

2. 密集的环境立法

1969 年通过的《国家环境政策法》是美国环境政策史上的革命性事件，有人将其称为环保领域的"大宪章"（Eccleston，2008：350 - 357）。作为美国环境保护领域的基本法，该法对美国的环境保护产生了全方位的影响，联邦政府不得不把环境影响评估纳入公共决策过程，环境信息公开的规定也为公众参与环境监管创造了条件。

表 3　20 世纪六七十年代美国有关环境保护的主要法律

年份	法律	年份	法律	年份	法律
1963	清洁空气法	1969	国家环境政策法	1974	安全饮用水法
1964	荒野保护法	1970	职业安全与健康法	1976	资源保护和恢复法
1965	固体废弃物处理法	1972	消费产品安全法	1976	固体废弃物处置法
1965	水质法	1972	清洁水法	1976	有毒物质控制法
1966	濒危物种保护法	1972	噪音控制法		
1967	空气质量法	1973	濒危物种法		

资料来源：根据维基词条整理，https://en. wikipedia. org/wiki/Environmental_policy_of_the_United_States。

纵观美国环保立法的历史，20 世纪六七十年代是环境立法工作最为突飞猛进的时期，几乎所有重大的环境法律都制定于这一时期，环保立法是全方位的，涉及大气、水体、土壤、废弃物处理、环境影响评估及生物多样性保护等方方面面，形成了一套相对完备的法律体系（见表3）。公民参与和环保立法之间也形成了良性的互动，比如70年代的《清洁空气法修正案》中增加了有关公民诉讼（citizen suit）的条款，规定公民可以以个人名义对政府和公司等第三方提起诉讼，只要受害人的环境权益受到侵害，就具备原告资格。这为环境管理与保护中的公民参与开拓了广阔的空间，美国环境治理的改善，除了依赖于严苛的执法外，环境诉讼制度可谓功不可没。

（三）政治系统的信息反馈

1. 情境与话语认定

环境政策议程建构所依托的社会环境对环境情境的认定产生了很大的影响。尽管环境话语体系的构建有非常广泛的社会基础，但是信息不对称的问题仍然广泛存在。在环境治理"场域"当中，受制于参与主体自身的资源占有情况，对政府应该扮演的角色、环境保护的概念、目标和环境问题的重要性等话语的认定，主动权仍然掌握在政客和媒体手中。当民权和反战等运动在美国社会中不断发展壮大时，对政府的不信任感成为弥漫在整个政治生态中的普遍情形。环境危机背后的深层次问题，比如经济发展与环境治理的内在矛盾等这些更值得反思的地方反而被忽略了。普通美国人不会承认是由于自己贪图便利的生活，比如汽车和塑料制品，最终亲手造成了光学污染、雾霾和石油泄漏等生态的灾难。问题一旦出现，矛头便指向了政府，并不是说政府部门应该就此推卸责任，而是对于环境问题的情境，人们一开始就缺乏理性的认识，是问题的界定一开始便存在认知的偏差。

媒体，特别是电视的普及，对环境话语体系的构建产生了决定性的影响，信息被以前所未有的速度和广度被传播（萨巴蒂尔，2004：97-101）。环境危机事件经由电视媒介的呈现，绘声绘色地呈现在普通美国人的眼前。下至社会公众，上至决策者，人们所认识到的并不是环境危机本身，因为直接被环境问题所困扰的人毕竟是少数，人们对环境问题严重性和紧迫性的看法源于电视等媒介的话语引导。另外，媒体报道还存在话语碎片化的问题。环境问题的解决并不能超然于其所在的社会环境，但是媒体为了保证收视率甚至用一些耸人听闻的标题和夸大的口吻去报道危机事件，并没有反映出环境问题背后所涉及的经济发展和政治体制等更为复杂的问题。

政客为了获得选民的青睐，也极力去探知选民的偏好和社会舆论的动向。这一时期虽然在环境立法和机构建设上卓有成效，但是在制定正式议程的过程中，很多东西并没有经过科学的论证和设计，如此背景下出台的政策在多大程度上能真正解决环境问题是很值得怀疑的。

2. 议程衰减

社会公众对政策议程的关注呈现明显的阶段性特征，社会问题进入公众视线之后，并不会一直停留在关注的焦点位置，在维持一段时间后，即使问题并没有得到解决也会逐渐从焦点中淡出（见图2）。

前问题 ⇒ 热情高涨 ⇒ 成本认知 ⇒ 兴趣衰减 ⇒ 后问题

图 2　议题关注周期的五个阶段

在前问题阶段，社会问题已经存在，但影响有限，尚没有引起公众的普遍关注；某一事件刺激了公众的注意力之后，解决问题的狂热兴趣也随之而来，议题进入热情高涨阶段；在第三个阶段，公众认识到解决问题的难度和成本；在第四个阶段，公众逐渐感到气馁和厌烦，人们的注意力被新出现的议题所吸引；在后问题阶段，问题还没有得到解决就已淡出政府议程（Downs，1972）。

因其可感知特性和定义的模糊性，环境议题虽然不会很快淡出公众的视野，但同样会进入"后问题阶段"，美国公众对环境问题也会逐渐失去热情。新闻往往被当作一种娱乐形式，媒体对问题的持续频繁报道使观众感到厌倦，媒体也会投观众所好，转而关注其他的焦点问题，甚至可以说，观众是在以自己的喜好"操纵"新闻。

3. 环境政策议程的建构过程机制

20世纪六七十年代之所以成为显著的环境政策触发和改善的时期，是与美国这一时期的经济、文化、社会背景相关，广泛的环境危机、主流媒体的认可和支持、环保组织的抗议活动、政府官员的倡导，这些因素的共同作用推动了环保事业的不断进步。

如每个社会都会面临的诸多问题一样，环境问题一开始只是诸多潜在政策问题中的一个。环境危机等触发事件为环境问题的进一步"发酵"起了重要的催化作用，触发效应的大小由触发事件的范围、强度以及所处的时间等因素决定。环境问题的特征使其必然会在很大程度上影响到相当多社会公众的日常生活，而环境危机所处的独特时代背景则使其与其他社会运动相互交叉相互影响，并不断扩大其势能。

触发机制对于重组公众和决策者的意识水平至关重要，触发效应的作用直接体现在由其引发的政策讨论之中，这一过程本文称之为"情境认定"。作为政治市场中的理性参与者，相关主体从各自的利益出发，分别就此发表相关的看法。特别是就政府的职权范围、社会问题的内涵和特征以及解决问题的对策等进行广泛的讨论。环境问题作为市场失灵现象的具体

表现，被认为是政府需要出面解决的问题，而环境治理能力的不足以及相
关法律和机构的缺失则被认为是政府需要迫切完善的地方。尤其重要的是
公共论坛、公共空间等公共场域的讨论，该过程充分结合了各种观点、思
想的互动和碰撞，让政策创新的火花不断流出，成为所对应和相互联系的
环境问题的解释工具，为进一步系统地分析问题和解决方案奠定了十分必
要的基础（莱斯特，皮奥雷，2006：68）。

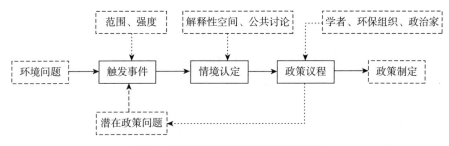

图 3 环境政策议程的建构过程机制

在更为具体的政策议程讨论阶段，散布在美国社会中的多元利益聚合
成各自的利益集团。各个团体由于其在人员、信息和资金等资本方面的差
异，在接近决策通道，并最终影响公共政策出台方面具有很大的差异。环
保运动最终之所以在政策产出方面卓有成效，正是得益于这一时期环保利
益集团的迅猛发展，环保概念的宽泛定义使其吸引了为数众多的参与者，
甚至连总统本人都是环保价值的追随者和捍卫者。在与工农业利益集团博
弈的过程中，环保组织在舆论中占据了压倒性的优势。

并非所有的政策议程都会进入最终的政策制定过程。公众的政策关注
力会受到所谓的"议题关注周期"的影响，公众很难将注意力持续集中于
某一国内议题，哪怕这样的议题与持续存在的具有重要社会价值的问题有
关。除此之外，也会存在隐蔽议程和象征议程的问题。在最终的政策方案
制定和选择过程中，某些议程要么因为不具备可操作性，要么由于某些强
势集团的游说，政策议程被搁置。政策议程也可能被象征性地提出来，比
如总统竞选时的竞选纲领和竞选演讲中或者在国情咨文中，但是没有在机
构和人员等方面配套相关的政策资源，这样政策议程无法真正落到实处。

但政策隐蔽议程和象征议程的存在并不代表政策议程本身的彻底沉寂。
公共政策议程的建构过程本身是复杂多样的，政策议程的运作也是如此。
政策议程在政策通道中的运动轨迹并不是单向的，当其强度足够大时，"政
策之窗"的禁锢可能会被"冲破"，当其动力不足时，政策议程也可能会折

返为最初的潜在问题。触发机制的运作并不是孤立和静止的，它处在一个动态调整以适应社会需求的过程当中。虽然美国民众对于环境问题的呼声和诉求无法得到完整的体现，但是环境议程中没有得到反馈的部分会成为潜在政策问题，借由下一次环境危机的触发作用，遵循图 3 所示的议程建构路径，环境政策议程开始新的一轮政策循环。

五　总结

在公共政策过程中的决策问题发现和诊断阶段，无论是政策议程方案的遴选还是决策方案的制定，必须首先对问题情境有一个清晰深刻的认识。对于情境一方面要照顾到公众的情绪，但更重要的是必须反映某一社会问题原来的面貌，并务必据此制定出有针对性的公共政策。

我国公众对于环境问题的认识水平亟待提高，人们对环境问题缺乏辩证的认识。邻避运动（NIMBY, Not In My Back Yard）的兴起就表明地区发展和社会公正等更深层次的问题往往没有得到应有的重视。我国必须将环境教育普及到教育体系的各个层次中去，同时加强环境学科和智库的建设，为深入剖析环境问题与政治、经济和社会等因素的关系提供更为全面的视角。

对触发机制的认识对于构建和谐的政策环境，防范政策风险，提升政策的有效性，增强政府的行政管理能力意义重大。如果对社会问题的反馈不足，政策制定者就无法掌握充分有效的信息，抑或是用某个政策解决一个错误的问题，最终可能非但无法解决真正的问题，反而会造成社会资源的浪费甚至是引发新的社会问题。

近几年是环境问题的集中爆发期，厦门、茂名和昆明等地以 PX 项目的上马为触发事件引发的环境群体性事件此起彼伏，对政府工业的整体布局产生了十分消极的影响。政府在信息披露和交流沟通上存在明显的不足，面对如潮水般涌来的指责声，政府部门要么采取"删帖"和压制等强制手段，要么是一味顺应所谓的"民意"将 PX 工厂易址搬迁，PX 工厂造成的实际环境问题并没有得到真正的解决。环保危机事件既可以看成对政府执政能力的考验，也可以成为政策制定和扩大政府和公众沟通的契机。政府部门应通过对事件发展的动态监控，及时发布相关信息，加强与非政府组织和民意代表的沟通，减轻人们对于政府的舆论压力，将触发事件的效力限定在可控的范围之内，为环境政策的全面评估和科学制定赢得时间。

　　我国环境政策的制定过程虽然日趋民主化和科学化，但是在环境政策议程的构建过程中，公众参与依旧相对不足。环境问题的解决必须具有广泛的社会基础，公共决策者不应该忽略普通公众、生态专家和环保组织等政府部门之外的行动主体的作用，特别是普通公众，他们积极响应环保行动，为环保组织提供了最坚实的资金和人员基础。

　　在公众表达日益网络化的今天，政府部门同时必须拓宽公众的参与渠道，特别是利用微博和微信等时下流行的传播媒介，积极倾听和回应公众的环保诉求。此举既可以减少公众对于政府环保部门的质疑，同时也能扩大环境治理的社会基础，使环境保护政策能真正落到实处。

　　环境治理机制的体制化是其最为重要的政治遗产。一旦政治支持的资源和政府的相关计划被嵌入官僚机构的制度化结构之中，除非进行政府职能的调整和机构的重组，环境治理能够对社会产生持续的影响力。环保官僚机构有强烈的欲望去维持公众的环保热情，并使其成为公众关注的焦点，因为这是组织存在的合法性基础，环境议题也得以获得长久的生命力。

　　我国环境治理机制建设的成就有目共睹，比如国家生态补偿机制、湖区生态治理机制、绿色经济发展机制、生态文明建设机制、农村环境保护机制和国际环境治理参与机制等。但是在环境信息的公开机制、环境治理的沟通协调机制以及环境诉讼的权利救济机制等方面还有许多地方亟待建立和完善。我国在环境治理的相关机制方面必须加快立法的脚步，为环境保护的大方向确立相关的原则，为后续的环境议程构建创造更多的政治空间和遗产。

参考文献

　　保罗·萨巴蒂尔（2004）：《政策过程理论》，彭宗超等译，北京：三联书店。

　　伯恩斯等（2007）：《民治政府：美国政府与政治》，吴爱民等译，北京：中国人民大学出版社。

　　弗兰克·鲍姆加特纳，布莱恩·琼斯（2011）：《美国政治中的议程与不稳定性》，曹堂哲等译，北京：北京大学出版社。

　　侯文蕙（1995）：《征服的挽歌：美国环境意识的变迁》，北京：东方出版社。

　　莱斯特，皮奥雷（2006）：《破译创新的前端》，寿涌毅，郑刚译，北京：中国水利水电出版社。

　　美国环境质量委员会（1981）：《公元 2000 年的地球》，郭忠兰译，北京：科学技术文献出版社。

托马斯·R. 戴伊（2002）:《自上而下的政策制定》，鞠方安，吴忧译，北京：中国人民大学出版社。

徐再荣（2013）:《20 世纪美国环保运动与环境政策研究》，北京：中国社会科学出版社。

张金马（1992）:《政策科学导论》，北京：中国人民大学出版社。

Cobb, R. W. (1983). *Participation in American Politics: The Dynamics of Agenda-building*. Baltimore: The Johns Hopkins University Press.

Crandall, Robert, W. (1993). Regulation and the "Rights" Revolution: Can (should) We Rescue the New Deal? *Critical Review*, 7 (3), 193 – 204.

Dant, S. (2008). Making Wilderness Work: Frank Church and the American Wilderness Movement. *Pacific Historical Review*, 77 (2), 237 – 272.

Downs, Anthony (1972). Up and Down with Ecology-the Issue-Attention Cycle. *The Public Interest*, (28), 38.

Dunlap, R. & Mertig, A. (1992). The Evolution of the U. S. Environmental Movement from 1970 to 1990: An Overview. *Society & Natural Resources*, 4 (3), 209 – 218.

Easton, D. A. (1965). *Systems Analysis of Political Life*. New York: John Wiley.

Eccleston, C. H. (2008). *NEPA and Environmental Planning: Tools, Techniques, and Approaches for Practitioners*. CRC Press.

Engel, Alfred, Feller, Irwin & Friedman, Robert, (2012). Note on Intergovernmental Relations in Air Pollution Research. *Air Repair*, 23 (6), 528 – 529.

Gormley, W. T. (2010). Institutional Policy Analysis: A Critical Review. *Journal of Policy Analysis & Management*, 6 (2), 153 – 169.

Gottlieb, R. (2005). *Forcing the Spring: The Transformation of the American Environmental Movement*. New York: The Island Press.

Guasch, J. L. & Hahn, R. W. (1999). The Costs and Benefits of Regulation: Implications for Developing Countries. *The World Bank Research Observer*, 14 (1), 137 – 158.

Hays, S. P. (1989). *Beauty, Health, and Permanence: Environmental Politics in the United States*, 1955 – 1985. New York: Cambridge University Press.

Kraft, M. E. (2000). U. S. Environmental Policy and Politics: From the 1960s to the 1990s. *Journal of Policy History*, 12 (1), 17 – 42.

Miller, C. (2010). The Evolution of the Conservation Movement, 1850 – 1920. *Journal of American History*, 45 (3), 152 – 160.

Sale, K. (1993). *The Green Revolution: The American Environmental Movement*, 1962 – 1992. New York: Hill and Wang.

Switzer J. V. (1997). Green Backlash: The History and Politics of the Environmental Opposition in the U. S. *Lynne Rienner Publishers*, 12 (1), 83 – 84.

Worster, D. , Dust Bowl (2004) . The Southern Plains in the 1930s. *Journal of Popular Culture*, 38 (6), 1102 – 1103.

Research on the Environmental Agenda of the United States in the 1960s and 1970s

Yang Huatao

Abstract: With the development of China's social economy, people's attention to environmental issues has deepened. The United States in the 1960s and 1970s also faced serious environmental problems. The environmental protection movement, as a wave that once swept the entire American society, had a profound impact on the US and even global environmental governance. At the same time, some deeper problems behind environmental issues have been brought up, such as the political, economic and cultural background on which environmental issues are based, the role of trigger events represented by environmental crises in the contextual awareness of reorganization participants, and citizens. Relationship with the government. From the perspective of agenda construction, analyzing the environmental movements of the United States during this period has important theoretical and practical significance for understanding the environmental issues themselves and the entire public policy process. This paper uses system theory and trigger mechanism theory to conduct an in-depth study of the environmental movement in this historical period in the United States. Through a comprehensive analysis of the construction process of the environmental policy agenda in the United States during this period, the input and output elements of the environmental agenda construction were analyzed, and the complex political system process was discussed. At the end of the paper, corresponding policy implications were proposed.

Keywords: United States; Environmental Policy; Policy Agenda-building

（责任编辑：林顺浩）

探 索 争 鸣

社会资本与公民参与：有效社会治理的策略路径[*]

社会资本与公民参与：有效社会治理的策略路径[*]

陈　芳[**]

摘　要： 随着社会民主与政治文明的发展，公民参与理应被予以更多的关注和研究。帕特南在《独自打保龄——美国社区的衰落与复兴》中基于过去三四十年的历史比较，系统地分析了美国社会在公民参与上的变化趋势。以社会资本为理论基础，以时间与经济压力、人口流动、科技进步和代际更替等内外因素的变迁为线索，阐述了公民参与下降和社会资本衰退的因果关系。帕特南指出，公民参与虽呈下降趋势但并非不可挽救，基于此对公民创新和集体行动在重建社会资本和复兴公民参与中发挥的重要作用进行了探讨。研究深刻展现了社会资本对公民参与的重要性和因果关系，对公民参与研究和实践有重要的借鉴意义。

关键词： 社区参与　公民参与　社会资本　非营利组织

公民参与是社会能否有序运转，社会治理能否有效的关键（张潮，张国富，2018）。西方民主社会中，美国有着深厚的公民参与传统，普通公民曾一度积极活跃在政治领域当中，树立了现代民主政治生活的典范。然而美国公民参与的鼎盛时期在过去 30 年内悄然消失，越来越多的美国公民已经远离了公共领域，远离公共生活，社会整体的活力正在减弱，甚至危及日常的公共参与。帕特南在《独自打保龄——美国社区的衰落与复兴》中，通过大量的数据和案例重点向人们展示了一幅完整的美国社会发展变化趋势图。从收集到的数据和案例中，帕特南发现：虽然与 20 世纪 60 年代相比，当代美国社会的公民参与呈不断下降趋势，社会资本也遭到了严重的

* 本文系 2018 年国家自然科学基金青年科学基金项目"社区非营利组织参与社会治理的行为模式与有效性研究：基于大数据的实证分析"（项目编号：71804120）的阶段性成果。

** 陈芳，苏州大学政治与公共管理学院硕士研究生，研究方向为儿童公共参与和社会融入。

侵蚀，但公民参与依然有着诸多复兴的契机。帕特南竭力从多方面寻找导致美国公民参与下降的因素，并基于社会调查结果深刻阐明、分析美国公民参与下降和社会资本流失所带来的严重后果。最后，帕特南反观历史，以镀金时代和进步时代为启蒙点，思考如何复兴公民参与和重建社会资本，提出了建设社会的系列政策意见。

一　变迁：历史沿革中美国社会公民参与的变化趋势

（一）美国社区的衰落

一直以来，美国的公民参与与其他民主国家相比都要更为积极，他们积极参与公民政治、喜好结社、关注公共话题、热心参与社区和慈善事务，积累了丰厚的社会资本。但在20世纪中叶之后，尤其以六七十年代为界限，美国的公民参与突然下滑，社会资本也由此被侵蚀。帕特南通过长期的观察和数据收集分析，指出公民参与下降主要表现在以下几个方面。

第一，美国公民的政治参与减少。相比二三十年前美国人热衷参与政治与政府的特点，如今的美国人已经在远离公共领域，远离公共生活。仅以投票率为例：从1960年到1996年，美国公民投票率从62.8%下降至48.9%，下降了14个百分点。其他各种形式的政治参与也都出现了10～40个百分点的下降。第二，美国公民的社会参与程度减少。传统美国人热衷参与各种非营利组织，也热衷于建立各种各样的非营利组织。尽管在过去的30年里，各群体社团的数目出现了垂直上升式的增加，但这个繁荣发展的表象背后，却是基层民众参与强度的下降，人们普遍不再热衷于参与社团事务，更多的搭便车行为开始出现。第三，宗教参与程度下降。教会和其他宗教组织是美国社会有序运转的重要组成部分，但在过去的30多年中，虽然信教者的数量较为稳定，但与非营利组织的情况类似的是，民众真正对宗教各类型具体事务的参与程度大幅下降，下降比例为25%～50%。第四，工会和协会的入会率下降。工会和协会是凝聚相关社会阶层的重要场所，是相互协助和共享经验的重要机制，然而从50年代中期开始，美国工会成员在所有工人中所占的比例从32.5%下降到了14.1%，会员对工会的参与也渐趋消退。第五，非正式的社会联结下降。美国人仍乐于彼此交往，但其交往的频率每年都在下降，不管是聚餐、与朋友闲逛、打扑克、去酒吧和夜总会、走亲访友还是寄贺年卡等其他非正式联系的频度与过去30年相比都下降了近 1/3，社会正在变成"陌生人"社会（何艳玲，钟佩，2013）。第六，人们日益依赖正式的制度和机制，普惠原则与社会诚信遭遇危机，社会的整体自治能力下降。帕特南认为，信任和互惠是社会资本的核心，而由于代际更替，美国公民变得逐渐不再愿意相信他人。从 20 世纪 60 年代中期开始，社会信任便不断衰落，普惠原则也逐渐被严格的法律所替代，社会资本由此也严重流失，社会难以自我有效运转（帕特南，2011：166）。

（二）衰落中的例外

虽然大部分的故事都令人失落，但故事的发展还有转折。正如帕特南所说，美国的公民参与并不是一直在下降，这是一个衰落与崛起并存的时代。

首先，美国社会志愿活动在不断增加。虽然教会活动和社团活动的参与人数减少，但志愿者已经突破通过组织从事志愿活动这一路径，开始自主选择传统社区机构以外的地方，用更加随性的姿态去从事志愿活动，使志愿活动得到增长。其次，在 20 世纪后半叶变得日渐单薄、脆弱的社会联系由于互联网的出现而有了改观的契机。互联网可以提供高速、低成本和大范围的动员能力，可以将持有相同观点的分散的公民有效连接起来，并且将公民的社会联系从时间限制中解放出来，实现"异步沟通"，对增强社会联系带来重大利好。除此之外，基督教福音派草根活动迎来了强劲增长。由于福音派本身就更乐于投身公民参与，宗教活动的衰退对福音派教会并没有产生强烈的影响，随着时间推移也发展到了更习惯于政治参与的社会阶层中去。最后，自助、援助组织的增多带来了新的改变。在正式非营利组织衰退的同时，小团体运动"静悄悄"地开展开来，参加自助会、援助会的人数出现了增长。这些组织包括为戒除嗜好而努力的全国性组织（戒赌协会、戒酒协会、性格障碍治疗协会等）、援助某些疾病患者或其他问题人群的援助会以及商业性的自助组织等。自助会在美国公民陷于社会分裂导致的亲密联系衰落之时，有效地帮助了那些与传统社会网络脱离的人（帕特南，2011：207）。

二 推论：公民参与下降和社会资本衰退的因与果

经济和科技的高速发展从方方面面改变了我们的生活，那它们又是如何改变公民参与的呢？在该书中，帕特南也给出了相对应的答案。

首先，忙碌的工作和经济压力对公民参与产生了负面影响。70 年代初期的通货膨胀，对美国公民的经济状况造成了巨大的震荡，为了维持自身的经济状况，公民不得不将原本花在社区事务上的时间转移在工作上。其次，城市化的扩张遏制了公民参与。城市化扩张带来了人们居住的市郊化，这意味着人们用于上下班的时间更长，而花费在亲友邻里关系处理、参加会议、社区项目等活动的时间相应减少。尤其需要注意的是，城市扩张所带来的同质性社区增加对沟通性社会资本造成了巨大危害，难以形成具有多元声音表达和辩论的公共领域（宋亚娟，张潮，2016）；以电视为代表的大众传媒使美国人每天花费更多的时间坐在电视机前，不愿意出门社交会潜移默化造成被动消极的公民性格，从而逐渐使公民远离社区，远离公共生活。这个过程中的代际差异尤其显著，相较于只关注自我需求的年轻人来说，中老年人对于政治的关注度更高，参与的热情也更加高涨，这是公民参与在不同年龄段上所表现出来的显著特征。如今美国公民参与所表现出来的下降，并非因为公民主体正处于生命的不同周期，而是对政治更为冷漠的年轻人逐渐取代了钟爱政治的老一辈们（帕特南，2011：322）。

公民参与下降和社会资本流失，对美国社会的各方面产生了巨大的负面影响。第一，社会资本的衰退使儿童所接受的福利和教育质量下降，在缺乏社会资本的地区，家庭和学校对于儿童的成长和教育环境更为漠视。第二，诱发了犯罪率的增长。公民参与的下降作用在社区上的表现为社区非营利组织的各项功能衰退，从而社区成为犯罪活动新的增长点。第三，下降的公民参与和低融合度的社区提升了公民个体的心理和精神疾病的发生概率，低社会支持的地区抑郁症的发病率和自杀率会更高。第四，公民参与的下降所带来的式微的社会交往，无助于公民个人财富的增加，由公民财富所积累而产生的国家经济发展也必然会受到影响。第五，公民参与的下降和社会资本的衰退不可避免地会对国家的民主生活产生不利影响（帕特南，2011：343－410）。

在《独自打保龄》一书中，帕特南以"社会资本"为理论基础，以明确的框架、宽广的视角，从"是什么"到"为什么"到"会怎样"再到"该怎么做"，深刻探讨了公民参与和社会资本之间的关系。通过翔实的数据和案例描述，我们可以看到：在互惠合作的社会网络中，我们每个人都会得到更多，而现如今美国公民都在为"不参与"所导致的萎缩社会网络付出愈来愈沉重的代价。想要改变如今的现状，唯一可以做的就是构建更多的社会资本，提高公民参与的热情。

三 理论：重新认识社会资本

"社会资本"到底是什么？以科尔曼、博特、林南等为代表的学者认为，对"社会资本"的解释应重点关注置身某种社会关系网络或社会结构中的个人，如何通过这种网络来获取各种政治的、经济的信息和资源，提高个人的社会经济地位（马德勇，2008）。这一研究路径聚焦于公民个体，即公民个人通过社会网络增加了财富、提高了社会地位。但其实社会资本对社会的有效运转更是有着基础性作用。帕特南就认为，社会资本是社会上个人之间的相互联系——社会关系网络和由此产生的互利互惠和互相信赖的规范（帕特南，2011：7），重点在于对于个体互动和社会发展的影响。相比于科尔曼、博特、林南等人的观点，帕特南更侧重于对"互利互惠"和"信任"的关注。依据社会网络、互惠规则及信任的性质，帕特南将社会资本分为连接性社会资本和黏结性社会资本两个类型（黄少华，2018）。

连接性社会资本能够更好地连接外部不同的社群，由此产生更加广泛的互惠规则（帕特南，2011：12），可以加强差异化社会的交流和融合，从而强化公民参与。例如基于业缘或趣缘关系所建构的同事型社会资本、兴趣型社会资本等；或者基于某一公益目的或行业利益目的而形成的各类社会团体组织、社会中介组织、各类行业协会、社区共同体等。这些连接性社会资本将社会中分散的每一个人连接起来，不仅扩展了公民个体的社会网络，有助于个体获得更多，而且最终每一个公民的社会网络将汇聚而成一个巨大的全社会网络，形成庞大的社会资本。从这个层面上讲，最终形成的巨大的全社会网络就是帕特南基于群体层面上对"社会资本"的界定。通俗来讲，连接性社会资本就是公民与社会所建立的广泛联系。黏结性社会资本创造出了一种社群内部强大的凝聚力和认同感，但也容易导致对其他社群的排斥，增加社会的"集体隔离"，负面作用较为普遍（帕特南，2011：12-13）。例如以宗亲血缘关系建立起来的家族型社会资本或宗族型社会资本，它们将家族成员或宗族成员紧密地结合在一起为其提供社会和心理上的支持，资源的共享也仅局限于其内部成员，很少会流动至外部。

虽然帕特南将社会资本分为连接性社会资本和黏结性社会资本两个类

型，但在《独自打保龄》一书中，帕特南并没有对这二者进行具体的解释说明，而是使用"社会资本"这一统称来论述其对于公民社会发展所具有的重大影响力：首先，社会资本较高的地区，公民参与水平也相应较高。因为在那些社会资本较高的地区，人们之间有着较好的信赖与互惠规范，居民的社区内的"互助行为"越多，对政府的信任感越高（刘米娜，杜俊荣，2013），因此公民会更加乐于参与公民政治和政府管理。其次，社会资本对儿童在其生命中的顺利发展是有积极作用的（帕特南，2011：347）。高社会资本社区会为儿童营造更为良好的成长和教育环境，在这个环境中，他们会受到家长和老师关注政治的潜移默化的影响，有利于从小培养"政治公民"的人格，从而为日后扩大公民参与奠定主体基础。社会资本还与公民所感受到的幸福息息相关。收入差距的扩大会导致居民幸福感的下降，但社会资本对居民幸福感的提升具有积极的正面影响，同时，能够减缓收入差距对居民幸福感的不利影响（申云，贾晋，2016）。简言之，高社会资本对我们的情绪和身体健康都具有促进作用，能够提升我们的幸福感。社会资本还能够促进国家的经济繁荣发展，缓解经济不利所产生的潜在影响。

在帕特南看来，社会资本实实在在地能够对个人、社区乃至整个国家产生有利影响。虽然他是从群体层面去界定"社会资本"这个概念，但是他并没有否定个体社会资本。相反，他是站在个体社会资本之上去宏观地解释由个体社会资本积累而成的集体社会资本。他将"社会资本"这个概念的解释层次从个体上升为集体层次，从微观层次上升到宏观层次，这样就可以更为方便地解释社会资本是如何影响公民社区以及民主的发展进程，在一定程度上弥补了以往对社会资本的研究缺陷。

四 总结与启示：社会资本的重建与公民参与的复兴——个人和集体行动

虽然与20世纪60年代相比，当代美国社会的公民参与呈下降趋势，社会资本也遭到了严重的侵蚀，但公民参与依然有着诸多复兴的契机。帕特南反观历史，以镀金时代和进步时代为启蒙点，思考如何复兴公民参与和重建社会资本，提出了建设社会的系列政策意见。与美国一样，我国的公民参与状况也不甚理想：公民参与公共事务的积极性较低，尤其是传统意义上的弱势社群公民（张潮，2018）；普惠型公民参与低于利己型公民参与

（胡康，2013）；城市居民的网络政治参与具有一定的普遍性，但是城市居民的网络政治参与水平偏低，而且参与方式以网络政治信息获取为主，网络政治行动参与度低（黄少华，2018）；等等。虽然中国的社会总体发展路径同美国有较大差异，但该书所提供的观点对当代中国公民社会的发展仍具有重要的借鉴意义。一个国家想要推动民主生活继续向前发展，必然少不了政治参与的主体——公民的持续努力。帕特南在回顾 18 世纪末期和 20 世纪初期的社会资本投资热潮后，提出应加大公民创新力度（帕特南，2011：468），即鼓励公民积极创办各种非营利组织，进行服务公共生活和社会发展的各种创新活动。他认为，公民创新不仅仅可以增加非营利组织的数量，为公民参与提供更坚实的组织基础，还可以增加社会资本，从而解决如今的社会资本赤字问题。这对于有着深厚公民参与传统的美国来说具有较强的适用性。但我国的公民参与在一开始就没有呈现出积极活跃的状态，全国性的公民参与氛围也并没有形成，公民参与传统相对来说根基薄弱。因此，对于我国公民来说，首先应该增加自身对公共生活的敏感度和关注度，增强公共参与的意识和能力，尤其是社群意识和公共服务意识，例如参与社区非营利组织的各种活动、广泛的志愿参与以及非营利组织管理服务，之后才有可能进行更为深层次的创新。公民的创新固然重要，但除此之外，重建社会资本和复兴公民参与还需要集体的行动。集体行动的成本由于互联网等新技术的出现大大降低，在互联网改变生活的时代里，我们应努力克服互联网对公民参与的消极影响，积极发挥其对于公民参与的潜在好处，例如扩大网络沟通和协商，促进公民基于公共问题的讨论；与此同时，非营利组织也应努力完善公民参与的模式，形成符合现代公民参与的治理结构，提高公民参与的制度外途径，创新增加公民社会资本，形成有效日常治理的模式（贾西津，2007）。在社会转型时期，社会治理中公民参与的价值和意义，有效的公民参与又将何去何从，都是值得进一步讨论和研究的问题。

参考文献
何艳玲，钟佩（2013）：《熟悉的陌生人：行动精英间关系与业主共同行动》，《社会学研究》，28（6），21-45。

胡康（2013）：《文化价值观、社会网络与普惠型公民参与》，《社会学研究》，28（6），120-143、244。

黄少华（2018）：《社会资本对网络政治参与行为的影响——对天津、长沙、西安、兰州四城市居民的调查分析》，《社会学评论》，6（2），19 – 32。

贾西津（2007）：《中国公民参与的非政府组织途径分析》，《中国非营利评论》，1（1），15 – 33。

刘米娜，杜俊荣（2013）：《转型期中国城市居民政府信任研究——基于社会资本视角的实证分析》，《公共管理学报》，10（2），64 – 74、140。

马得勇（2008）：《社会资本：对若干理论争议的批判分析》，《政治学研究》，（5），74 – 81。

帕特南（2011）：《独自打保龄——美国社区的衰落与复兴》，北京：北京大学出版社。

申云，贾晋（2016）：《收入差距、社会资本与幸福感的经验研究》，《公共管理学报》，13（3），100 – 110、158。

宋亚娟，张潮（2016）：《"茶馆"社会与政治：作为日常生活的公共领域》，《中国非营利评论》，17（1），211 – 222。

张潮（2016）：《弱势社群的公共表达：草根 NGO 的政策倡导行动和策略》，《中国非营利评论》，17（1），211 – 222。

张潮，张国富（2018）：《准公民社区：基层政权与市民组织的博弈》，《公共管理评论》，（1），107 – 115。

Social Capital and Citizen Participation：The Path to Effective Social Governance

Chen Fang

Abstract：With the development of social democracy and political civilization, citizen participation should be given more attention and research. Based on the historical comparison of the past three or four decades, Putnam systematically analyzed the changing trends of American society in civic participation in his book *Bowling Alone—The Collapse and Revival of American Community*. Taking "social capital" as the theoretical basis, with the changes of internal and external factors such as time and economic pressure, population mobility, scientific and technological progress and intergenerational replacement as the clues, the causal relationship between the decline of citizen participation and the decline of social capital is expounded. Putnam pointed out that citizen participation is declining but not irreparable. Based on this, the important role of citizen innovation and collective action in rebuilding social capital and revitalizing citizen participation is discussed. The research profoundly demonstrates the importance and causal relationship of social capital to citizen participation, and has important reference significance for citizen participation in research and practice.

Keywords：Community Participation；Citizen Participation；Social Capital；NGO

公民、社群与社会：议程设置理论的
发展与演进

丁岩森[*]

摘　要：议程设置理论经历了近半个世纪的发展和演进，其概念框架、研究假设和实证研究都呈现出巨大的生机。尤其近年来，随着以移动互联网为代表的信息技术的革新，传统的媒介主体及媒介环境都发生了极大的改变。相较之下，从框架建构、铺垫效应等理论的丰富到 NAS 理论、议程融合等领域的开拓，也显示出受众日益重要的地位。除此之外，设置议程的发起者和主导者也是一个值得关切的方向。本文通过对以往文献的回顾，着重梳理辨析属性议程，并对信息时代网络议程、议程融合这两个发展迅猛的领域进行分析，最后从政府应对及公众参与构建议程这一角度，探讨议程设置理论在中国本土化应用的可能。

关键词：属性议程　网络议程　议程融合　公众参与

一　议程设置理论的发展

议程设置理论自诞生起，就成为传播学与新闻学的重要理论。其理论灵感植根于李普曼对拟态环境设想——着重于受众头脑当中形象如何形成，而对信息的来源，即传播媒介青睐有加。他认为，随着人们接触面的扩大，面对复杂的、多元的信息，人们对周围环境的认知愈发依靠新闻传媒，这时新闻媒介所传达的信息以及如何传达信息便构成了公民对外围世界认知的一个主要来源。

基础的议程设置理论强调显著性由媒介议程向公众议程转移，这一路径构成了对受众的关注（库布姆斯，2008：3），在理论后续的发展中，针

---

* 丁岩森，苏州大学政治与公共管理学院本科生，研究方向为公共传播与公民参与。

对媒介是否能影响公众认知的改变，麦库姆斯提出了属性议程。与铺垫效应（priming）类似，这种事物属性的综合构成的框架（frame）在其他学科也有所研究，由此也成为这一领域探讨的重点。但无论其研究取向如何，"议程设置、框架建构与铺垫效应都分别涉及了议题的重要性、特征以及价值判断"（刘海龙，2004）。

媒介技术发展打破了旧有的格局，传统媒体的话语权也逐渐式微，网络、社交媒体逐渐成为另一个重要的信息来源，个人也不再是纯粹的信息接收者，传统意义上的"受众"的选择增多，并能够形成有效的发声和互动，这使一些学者对议程设置的强大效果产生了的质疑和批判。不过这一想法似乎只是看到传统媒介议程设置能力的下降，而忽视了新兴媒体的替代作用，虽然网站大幅度地增加并且吸引着多数人群，但考虑到这些网络议题的大同小异，受众依然处于信息的接收端，较之传统媒介并没有很大的区别，故而认为议程设置效果的完全消失并不能得到强有力的支持（蒋忠波，邓若伊，2011）。新媒介与传统媒介等的交织发展和争论，推动了议程设置理论的进一步发展，议程融合理论与网络议程设置理论应运而生。

1999年，议程融合理论的提出着眼于受众，作为议程设置的一个前缀和拓展，强调个体为满足从属于某一社群的需求而寻求认知上和谐，从而通过各种途径来获取信息。由此，"整合了个体议程、社群议程与媒介议程"（高宪春，2011）。网络议程设置则着眼于信息时代的多线式交流方式，从理论意义上构建起了统摄性的认知网络，从而弥补了议程设置议题与属性孤立的纰漏。

二 属性议程的理论拓展

如果说议程设置的第一层次——媒介显著性的转移是为了获得公众的注意力，那么属性议程则着力于描绘具体图像的细节，通过对议题的价值、属性的传递，改变受众的认知（库布姆斯，2008：106）。但是在理论发展中，也存在其他理论的补充，其中包括框架建构与铺垫效应。在麦库姆斯的构想中，框架建构与铺垫效应从属于属性议程。一些学者也采取这一取向，将框架与铺垫视为一个事物的两个方面，进而分别处理铺垫与框架在认知和建构过程中超越议程设置的部分。当然，也有学者对此意见不一，在借鉴并综合相关文献之后（刘海龙，2004；李莉，张咏华，2008；林功成，李莹，2013；马得勇，2016；杜骏飞，2017），主要得出以下的结论。

由原属学科的迁移而产生的差别。如历史所展示的，框架建构起源于心理学与社会学，所体现的核心是，通过对信息不同的解释来凸显议题的某个属性从而影响受众的价值判断。简单来说，不同于传统的议程设置更为关注显著性，框架更关注形塑观点的过程，置于媒体文本上即表述的方式不同可以造成读者不同的反应。从心理学上的认知过程到社会学上的建构现实，传播学上定义的框架倒更像是一个交集，在认知层面上，个体框架关注个人思维中既定的心理模式对信息接收的处理、辨识能力以及所属群体等对个体接收框架的影响。从传播层面而言，媒介框架则关注形象的描摹、信息来源及可信度、框架的重复及时间段等对建构框架的作用，此外，作为受众的个人如何反作用于媒体框架也是一个研究方向。铺垫效应则强调个体对信息的无意识接受、顺序排布，在接收到信息之后激活、提取既有信息来影响受众的价值判断。虽然起源于认知心理学，但限于个人心理层面难以调控，个体对信息处理方式的不同，研究方法上难以处理一些关键变量等，较框架而言，在传播学研究中处于弱势地位。

领域内的相互关联与承继。普遍的分析途径是从信息处理机制说起，铺垫效果的强弱取决于信息被重复的程度与时间，我们可以通过记忆曲线来形象地理解这一类似的刺激过程，这是由该理论的记忆处理模式所决定的，个体通过信息的堆叠，形成信息的可接触性（accessibility），在之后判断议题的重要性时，既有信息就起到了重要作用。框架则是基于人的认知结构进行架构，在受众给予某一信息以关注度时，框架的表述就会刺激已有的认知，从而发挥信息的可应用性（applicability）。然而，这两者之间的差异，并不是截然对立的，人的头脑中必须先存在某一种概念、框架，才会被之后建构好的相应的框架所唤醒，也即框架效应的发生离不开信息的积累，能得以应用是建立在业已存在的信息之上的。

除此之外，在议程设置和框架建构中也存在零和博弈的情况，公共议程的容量限制与公众注意力稀缺导致只有为数不多的议程才能够真正进入舆论中，而不同的议程框架出现的时间、顺序、对立程度以及个人所处群体也会影响到传播的效果，这也就不免会致使信息被揉捏后对议程的误导（库布姆斯，2008：44；马得勇，2016）。

三　信息时代的理论创新

　　媒介环境与技术的重大改变，传统意义上强调媒介至上的观点逐渐被日益发展的受众观所影响。平台的扩大致使"把关人"这一角色泛化，传统意义上媒介的单对多的行为，逐渐演变成了一张动态的关系网络（罗昕，2011），具有广泛性、非权威性且较传统媒介而言更加迅捷的新式媒介极大地改变了受众对形象的建构。

　　就信息时代的传播而言，把关人这一角色发生了重大变化，网络、社交媒体成为意见的一个重要来源，一定程度上弱化了主流媒体的把关人能力（Chen & Zhang，2018）。此时，旧有观念认为的把关对象也相应转换到网络人群，降低了进入门槛的个体开始逐渐有了发言权，对于不同领域的信息也有了筛选的权利，个体不再单纯地被动接收信息（张潮，张洁，2013）。由多元个体所组成的网络社群有了发声的余地，社群议程也有了上升为媒介议程的可能性。互联网门槛的降低对当今媒介环境也有着重大影响，信息来源的可信度与信息的公开程度成为发展的重点，也对主流媒体有一定程度上的冲击。

　　议程融合关注受众的归属诉求，此时，社交媒体和传统媒体构成竞争，而注意力却是一种稀缺资源，自媒体与新媒体呈现出非正规化、碎片化，在网络信息的洪流中极易造成群体的共鸣，平易近人的表述方式也容易引起受众的同理心。议程融合理论核心关注个体与社群，这也是新媒介为个体的社会归属、情感聚类带来了最大的变化。个体议程得以更加便捷、迅速表达，并且能够在虚拟空间中寻找到类似议程的社群个体，最终促成个体与社群在筛选互动中达成合议。于是，虽势单力薄却为数众多的个体议程被正式提上社群议程，产生更大的传播效应和规模压力，甚而在不同的领域激起反响乃至于改变媒介议程。个体满足需求、个体自主选择媒介、信息传达与筛选、达成合议，这一系列行为都显示了公众议程的日渐成熟（高宪春，2011）。

　　从人际传播的研究看，个体与社群的互动在过去是以空间距离来划分，新媒介环境下受众的自我呈现方式发生改变，社交媒体的自由开放促进更深远的人际互动，而且这种参与也使个体的自我认同度提高。新媒介中的社会联系加强，与此相伴的是社会资本的提升，传统媒介下的意见领袖在这里也显示出新的活力（沈荟，王学成，2015）。当然，也无法否认社群与个人的筛选互动中，社群议题类似社会议题，也会出现淹没少数人的声音，而由此造成网络中的沉默螺旋——少数人意见的沉沦。

网络议程设置（NAS 理论）从受众的认知形态入手，议题以及议题的属性、特征不再是简单地顺序排布下去，而是以网状分布，在经由媒介重复强调地传递后，受众便会下意识地认为这些要素之间互相联系。另外，与社会网络理论中的中介人颇为相似，网络议程设置中也存在多种核心议题，此类议程表现出高度的相关性和重要性，牵涉广泛且被多次强调。但是就目前而言，关于 NAS 理论的中文文献较少，即使从社会网络分析也多是从社会学理论基础进行考量，而另有一部分文献则将网络议程设置和网络的议程设置混为一谈，尽管从实际应用来看，NAS 理论确实重视从整合的视角去审视议程与受众认知之间的关系，但是这并不能含糊为基础的议程设置理论。

四　中国语境下议程设置理论的可能

不同于西方媒体，中国媒介议程与政策议程呈现出高度关联性，这也使一些研究着重讨论议程设置与舆论引导的关系。但是从基础的议程理论出发，其强调的不外乎是媒介议程显著性地向公众议程的转移，简言之即"认知"，由此而言将其与舆论、宣传所关注的"态度的转变"存在一定偏误，毕竟研究受众"怎么想"，是二级议程设置所探讨的问题，而不加以区别的分析会造成概念的混淆（张军芳，2015）。另外，即使采用框架来分析该种想法依然会有概念上的不清晰，框架是以既有信息为基础，并且以一个含有主导态度的信息来引导激活既有观念中的看法，其本质并不是通过改变信息接触面来达成说服的效果，而是强调受众所关注的那一点（马得勇，2016）。考虑到铺垫效应与框架的相似之处，其理论逻辑也可以类似的路径展示，通过渲染被媒介强调的那些议题，改变受众对议题重要性认知进而影响其态度的权重，由此与传统的说服相区别（林功成，李莹，2013）。这两者的差别也可以从 20 世纪 40 年代盛行的"有限效果论"的缺陷中获得一些启发——媒介传递信息，信息影响态度，态度影响行动。有限效果论直接关注媒体对受众行为的影响，而越过了议程设置对认知的介入，其结果自然不言而喻。

早先的一项针对官方议程设置的实证研究——关于 2001 年中美撞机事件中官方回应及民间舆论的变化，反映着当时我国议程设置能力的缺陷。在撞机事件发生后的多天，官媒却处于沉默状态，主动放弃"舆论领袖"的地位，反而美方媒体对事件有着较为详尽的报道，致使民众不得不通过互联网转向对方来谋求信息，以至于民众对后续的官方报道乃至政府公报都产生怀疑的态度（李希光，秦轩，2001）。这其中所透漏出的不仅仅是对政府舆论设置能力优化的要求，更是在信息时代下公众信息来源渠道的广泛与畅通。颇为相似的是，2018 年 7 月 15 日，药监局通告长春生物科技有限公司存在疫苗造假行为，一时间引起舆论的沸腾，但不同于以往，五大官媒迅速相继报道事件进展，国家领导人相继发声追责，一系列主动建构媒介议程、呈现关键信息的策略有效地影响了公众舆论，很快就抑制了谣言的传播，并且将事件提上政府政策议程，持续进行调查解决。这也在一定程度上反映了我国政府议程设置意识和执政能力的提高。只有回归个体，关注社会诉求，直面信息，才能有效地推动治理能力的现代化。

但是，就当前而言，主流媒体的新闻报道仍然呈现出对公众议程吸引力低、影响力逐渐式微的状态，尤其是对青少年群体而言。究其原因，不仅包括事件经验的延伸，互联网信息媒介的拓展，议程融合下公众选择权增加，还有主流媒体理念转型迟缓，针对"隐秘"信息的取向也冲击着权威（陈阳，2017；郭凤林，严洁，2016）。除此之外，改革开放以来，公众媒体不再单纯地成为政治化因素的臂膀，而同样也要考虑经济因素，从而开始围绕着受众形成意见平台（朱亚鹏，肖棣文，2012）。传统媒体作为公众的发言人不并能有效吸引公众的注意，"社会"声音长期处于传统媒介议程的边缘地带，也造成了传统媒体公信力的丧失，于参与双方而言，"互信资本的缺失，加上网络参与议程设置的形式主义，使得议程参与最终丧失其主体性"（曾润喜，朱利平，2016）。

值得注意的是，我们在探讨议程设置的强效果时，考虑的是显著性的转移，由信息塑造受众的认知，即在互联网时代，信息的提供者依然有强大的影响，不同之处在于，受众可以选择接受某些信息而质疑、抛弃另一些信息。但本质上，中国的受众依然处于相对被动和弱势的状态。映射到网络上，信息拥有主体的不对称，以及政策主导的限制，极有可能裹挟着大多数处于劣势地位的普通民众，从而形成价值有偏的议题议程（曾润喜，朱利平，2016）。

　　未来，我国议程设置研究应该关注政府回应与公众参与的应对机制之间的互动过程。我国目前的政府回应特征是应急性反应，即政府由公众议程出发，以关注程度、影响范围为顺序来进行回应处理。但公共部门资源及能力的限制，问题辨识度等问题，容易导致回应式的政策议程质量难以保证，也会影响媒介议程（赵静，薛澜，2017）。社会不断发展，公民政治参与的意识和能力也在提升，问题的产生应该得到及时的回应与解决。但同时也要考虑到在网络参与中，有效信息的传递以及公众议程的准确度和代表性。只有从政府回应和公众参与互动的角度研究议程设置，才能解决当下的问题。

参考文献

陈阳（2017）：《议程设置理论在北京的一次检验——基于 CGSS（2013）数据的研究》，《国际新闻界》，39（10），77 - 90。

杜骏飞（2017）：《框架效应》，《新闻与传播研究》，24（7），113 - 126。

高宪春（2011）：《新媒介环境下议程设置理论研究新进路的分析》，《新闻与传播研究》，18（1），12 - 20。

郭凤林，严洁（2016）：《网络议程设置与政治参与：基于一项调查实验》，《清华大学学报》（哲学社会科学版），31（4），55 - 66。

蒋忠波，邓若伊（2011）：《网络议程设置的实证研究——以提升网络舆论引导力为视阈》，《新闻与传播研究》，18（3），100 - 105。

李莉，张咏华（2008）：《框架构建、议程设置和启动效应研究新视野——基于对2007年3月美国〈传播学杂志〉特刊的探讨》，《国际新闻界》，（3），5 - 9。

李希光，秦轩（2001）：《谁在设置中国今天的议程？——电子论坛在重大新闻事件中对党报议题的重构》，《新闻与传播研究》，（3），55 - 62。

林功成，李莹（2013）：《铺垫效果研究：发展与问题》，《国际新闻界》，35（7），62 - 69。

刘海龙（2004）：《议程设置的第二层与媒体政治——从〈事关重要的新闻〉说起》，《国际新闻界》，（2）：54 - 60。

罗昕（2011）：《结构性缺失：网络时代把关理论的重新考察》，《新闻与传播研究》，18（3），68 - 76。

马得勇（2016）：《政治传播中的框架效应——国外研究现状及其对中国的启示》，《政治学研究》，（4），57 - 69。

麦库姆斯（2008）：《议程设置：大众媒介及舆论》（第一版），郭镇之、徐培喜译，北京：北京大学出版社。

沈荟，王学成（2015）：《新媒体人际传播的议题、理论与方法选择——以美国三大传播学期刊为样本的分析》，《新闻与传播研究》，22（12），81－100。

曾润喜，朱利平（2016）：《政策议程互动过程中的公民网络参与及合作解》，《国际新闻界》，38（6），110－128。

张潮，张洁（2013）：《社会现实、集体记忆和标签化报道的互动："官二代"媒介形象的建构及其成因（2009～2012）》，《湖南师范大学社会科学学报》，42（6），133－142。

张军芳（2015）：《"议程设置"：内涵、衍变与反思》，《新闻与传播研究》，22（10），111－118。

赵静，薛澜（2017）：《回应式议程设置模式——基于中国公共政策转型一类案例的分析》，《政治学研究》，（3），42－51。

朱亚鹏，肖棣文（2012）：《谁在影响中国的媒体议程：基于两份报纸报道立场的分析》，《公共行政评论》，5（4），121－144。

Chen, S. , & Zhang, C. (2018) . From Suppressive to Proactive? Chinese Governments' Media Control Strategies in Popular Protests. China: *An International Journal*, 16 (4).

Citizen，Community and Society：The Development and Evolution of The Agenda Setting Theory.

Ding Yansen

Abstract：After about half a century's development, the theory of agenda setting shows a promising prospect regarding to its concepts, assumptions and empirical researches. With the innovation of the Informational Technology which is represented by the mobile internet, the body and environment of traditional media has changed greatly. In comparison, from the expansion of the "framing" and "priming" theory to the exploration of the NAS theory and agenda melding, the audience is stepping into the picture. In addition, the promoter of agenda is also a topic worth concerning. This paper, by analyzing the past literatures, focuses on the distinction of attributes agenda setting and the status analysis of the NAS theory and agenda melding in the information era. From the vision of government's responses and citizens' participation in structuring agenda, it discusses the possibility of application as well as exploration of the agenda setting theory in China.

Keywords：Attributes Agenda Setting; NAS Theory; Agenda Melding; Civic Participation

（责任编辑：张潮）

打造共建共治共享社会治理格局的
法治路径[*]

彭燕辉　陈晓春^{**}

摘　要：打造共建共治共享社会治理格局是新时代党和国家加强和创新社会治理的重要举措和战略选择，应发挥和坚持法治导向。从价值、制度和能力三个层面阐述了法治作用于打造共建共治共享社会治理格局的逻辑进路。法治层面推进打造共建共治共享社会治理格局，还应坚持发挥党建引领、以人民为中心、政府依法负责以及多元主体共治的基本原则。推进打造共建共治共享社会治理格局的法治路径，必须明确树立法治理念、完善法治制度建设、健全法治实施机制、强化法治技术支撑以及加强法治队伍建设，避免法治流于空洞，保障法治变为现实。

关键词：共建共治共享　社会治理格局　法治路径

一　问题的提出

当前，我国社会正处于全面深化改革的攻坚期、社会矛盾和利益冲突的高发期，社会治理面临许多新问题和新挑战（任中平，邓超，2014）。传统由政府主导的一元社会管理模式难以为继，逐渐向国家、市场、社会多元主体共治的社会治理模式转变。当前的社会治理模式转型是一个多线程改革的复合体，涉及以经济建设为中心到"五位一体"均衡发展政策目标下政府运行机制优化过程，以及在开放、流动的社会形态下塑造中国特有的党委、政府、社会力量多元合作治理结构的历史进程（李友梅，2017）。

* 本文受国家社科基金重点项目"我国政府对境外在华非政府组织分类管理研究"（编号：13AZZ009）的资助。

** 彭燕辉，湖南大学法学院博士研究生，研究方向为公共管理法治化；陈晓春，湖南大学法学院教授，博士生导师，研究方向为社会组织与社会治理。

党的十九大高度重视社会治理问题，明确提出要打造共建共治共享的社会治理格局，为新时代加强和创新社会治理，实现社会治理现代化宏伟目标指明了方向。我们认为，共建共治共享社会治理格局是指，党委、政府、社会组织、公众等多元治理主体共同打造社会事业的平台，治理社会事务、提供公共产品（陈晓春，彭燕辉，陈文婕，2018）。在习近平新时代国家治理思想指导下，以何种方式推进打造共建共治共享社会治理格局成为理论和实践部门亟须回应的问题。

打造共建共治共享社会治理格局是多元社会治理主体的共同行动，必然伴随着多主体参与、思想观念转变和利益结构调整，需要不断完善和更新社会治理理念、体制和机制，补齐短板。法治具有稳定性、连续性和权威性，为多元主体参与"共建共治共享"提供了基本保障和价值取向，有利于实现社会事务的良善治理。鉴于此，文章首先分析了法治推进打造共建共治共享社会治理格局的逻辑进路；其次，探讨了法治推进打造共建共治共享社会治理格局应坚持的基本原则；最后，提出法治推进打造共建共治共享社会治理格局的具体路径。

二 法治推进打造共建共治共享社会治理格局的逻辑进路

当前，我国学界对"法治"概念的认识和理解比较混乱、片面，大体有以下几种：一是把"法治"理解为按照成文法或规则办事；二是从形式主义层面来理解"法治"，认为"恶法亦法"，把恶法之治也概括为"法治"；三是认为法治就是一种可以任意选择的治国方式，法律是一种治国之具，而且法就是刑，刑不上大夫，法治就是以刑治民；四是把法治与法制混同，认为法治就是有法律制度或法律制度比较健全的社会等。"法治"概念的混乱引发了"法治"的论争不断。综合"法治"概念和我国法治实践，笔者认为，法治应是由价值、制度和能力三大要素构成的相互统一体系。在此，从价值、制度和能力三个层面分析法治如何推进打造共建共治共享社会治理格局，即法治推进打造共建共治共享社会治理格局的逻辑进路。

（一）价值层面

法治为打造共建共治共享社会治理格局提供了良法、善治、秩序、公平等价值指引。首先，法治为打造共建共治共享社会治理格局确定了良法和善治的价值目标。良法和善治共同构成了法治的基本内涵（张鸣起，2017）。良法的判断标准在于其是否实现正义并促进社会成员的公共利益，实现国家的繁荣昌盛（李新廷，2016）。打造共建共治共享社会治理格局的良法之治在于实现社会治理体系和治理能力的现代化，亦即实现社会治理善治的目标追求。其次，法治为打造共建共治共享社会治理格局确定了秩序价值。秩序是人类之所以为人类赖以存在的前提，是生活和生产得以延续和发展的条件（郑慧，2015）。任何国家都将建立和维护安定有序的社会秩序作为第一位的、最直接的目的（张文显，2014）。我们已经步入风险社会，面临的矛盾和问题更复杂、更突出（徐勇，项继权，2008）。打造共建共治共享社会治理格局将面对更为复杂的局面和更为严峻的挑战，需要不断探索和应用各种治理手段和治理方式。法治通过调整多元社会治理主体关系，规范各自行为，协调利益冲突，为打造共建共治共享社会治理格局提供秩序价值。最后，法治之于打造共建共治共享社会治理格局的要义在于规范公权力和保障私权利，确定两者的边界价值。打造共建共治共享社会治理格局中存在权力（利）向度的多元化，需要法治手段介入，明确厘清各自边界，各归其位，各负其责，从而实现动态平衡。

（二）制度层面

法治融入打造共建共治共享社会治理格局的重要途径是建构完备的法律制度体系。法律制度是法治的基础，完备的法律制度是法治建设的重要先决条件（李步云，1996）。英国法学家拉兹认为，就字面而言，法治意味着法律的统治（约瑟夫·拉兹，李林，1990）。美国著名法理学家富勒在论述法律制度时认为，"如果要使人类行为根据规则来加以治理，一个不言而喻的前提是要有规则可循"（沈宗灵，1992：58）。社会治理必须要有体现人民群众共同利益，保证社会公平公正，维护社会稳定及社会秩序的规则。打造共建共治共享社会治理格局的根本任务不是停留在解决各种社会问题和化解各种社会矛盾的现象层面，而是要开展有效的制度建设，将价值理念转化为制度安排，进而形成稳定有序的基本格局。这意味着在打造共建共治共享社会治理格局的过程中，需要根据现代法治理念，将法治精神和价值融入多元主体共建社会治理平台、共治社会事务和共享治理成果的制度设计过程，使复杂多样的利益关系得到调整，更好地整合社会资源，形成合力，提高治理效率。通过构建完善的法律制度体系，多元社会治理主体能够根据制度和程序安排平等交流、表达诉求和协商对话，变"关系互动"为"规则互动"，为妥善解决社会矛盾和冲突提供良好的制度环境。

（三）能力层面

法律的生命力在于实施，法律的权威也在于实施。通过法律的具体实施能力即法治能力来提升打造共建共治共享社会治理格局的能力至关重要。法治能力既受到价值和制度层面的法治指引，又通过自身建设来推进价值和制度层面的不断完善。从打造共建共治共享社会治理格局的主体范畴来看，党委、政府、企业、社会组织和公民是主要主体，各自拥有不同的权力，大体可以分为公权力主体和私权利主体两类。与传统单向度强制性的法律实施体系不同的是，打造共建共治共享社会治理格局中的法治能力既包括公权力主体的法治实施能力，又包括私权利主体的依法自治能力，两者形成自上而下和自下而上的双向互动。同时，由于各社会治理主体具有不同的功能构造和能力强度，需要通过法治手段来规范、引导和激励，协调平衡不同治理主体的思想观念、利益取向等方面的差异和冲突，共同致力于提升打造共建共治共享社会治理格局的效能。此外，法治能力推进打造共建共治共享社会治理格局效能提升，要求明确多元主体权责边界和各自位势，进行比较充分的沟通和协商，采取相互配合的有效行动，共同塑造民主法治、公平正义、多元共治、安定有序的良好局面。

三 法治推进打造共建共治共享社会治理格局的基本原则

法治是社会治理创新的最优模式，没有法治，社会治理只会是"空中楼阁"（叶青，2017）。法治推进打造共建共治共享社会治理格局的基本原则，即法治在贯穿于整个打造共建共治共享社会治理格局的过程中应适用和坚持的基本价值准则。结合中国特色社会主义法治建设和社会治理实践，在此提出以法治推进打造共建共治共享社会治理格局的过程中，必须坚持发挥党建引领、以人民为中心、政府依法负责以及多元主体共治等基本原则，以法治促进社会矛盾的化解，维护社会和谐。

(一) 坚持发挥党建引领

中国社会治理结构正由传统的体制内单中心治理向党建引领下的多元治理结构转变 (李友梅, 2017)。十六届四中全会以后, 党和国家开始探索"党委领导, 政府负责, 社会协同, 公众参与"的社会管理新格局。十八大以来, 建立健全党委领导、政府负责、社会协同、公众参与、法治保障的社会管理体制不断定型, 这既是党和国家对社会治理问题不断重视的必然结果, 也是将多元主体共治理念付诸实施的具体表现。坚持党对一切工作的领导是近代以来中国革命、建设和改革的历史逻辑、政治逻辑和实践逻辑共同决定的, 是社会主义法治最根本的保证, 才能使各项方针政策符合广大人民群众的根本利益。党委领导是中国社会治理体系和治理能力现代化的组织保障, 在社会治理的顶层设计和具体实践中不断确立和巩固 (江必新, 2018)。党领导权能的核心表现是总揽全局、协调各方, 党的建设把党所领导的事业紧密联系在一起。以法治手段推进打造共建共治共享社会治理格局必须坚持以党建引领为首要原则, 具体体现在党领导立法、保证执法、支持司法、带头守法方面。通过各级党委依法依规用权, 必须发挥好自身的主动性、积极性和引导作用, 并贯彻到打造共建共治共享社会治理格局的各个层次和所有领域, 全面领导社会事业持续健康发展。

(二) 坚持以人民为中心

坚持以人民为中心是新时代中国特色社会主义思想的核心内容 (刘艳菊, 2017)。社会主义法治区别于资本主义法治的根本特征是坚持"以人民为中心" (李金和, 2017)。马克思主义唯物史观指出, 人民群众是历史的创造者和历史活动的主体, 是推动社会进步的决定性力量。以法治化手段打造共建共治共享社会治理格局, 必须坚持以人民为中心的基本原则, 把增进人民福祉、促进人的全面发展, 实现人民对美好生活的向往作为出发点和落脚点。这就要求在打造共建共治共享社会治理格局的全过程中贯彻推进以人民为中心的法治化治理。必须坚持法治为了人民、依靠人民、造福人民、保护人民, 使法律充分体现人民意志 (习近平, 2015)。同时, 要以提升人民群众的获得感、幸福感、安全感和满意度为目标, 推进打造共建共治共享社会治理格局的法治化建设, 使人民群众的合法权利得到充分保障, 推动化解人民日益增长的美好生活需要和不平衡不充分的发展之间的矛盾，使全体人民都成为社会主义法治的忠实崇尚者、自觉遵守者、坚定捍卫者。

（三）坚持政府依法负责

政府负责是法治推进打造共建共治共享社会治理格局的关键环节。在全能型政府模式下，短期行为、公共服务滞后、社会保障不足和公权滥用等问题日益凸显，政府合法性备受质疑（王春婷，2017）。改革开放和市场经济的不断发展，政府自身职能不断转变，打破政府一元主导的社会事务治理模式，逐渐形成政府、市场、社会等组成的多元共治的社会治理模式（王名，蔡志鸿，王春婷，2014）。政府逐渐退出社会领域，更多的是扮演制度设计者、组织实施者和资金提供者角色，承担保障社会安全和维护社会稳定的公共责任。一方面，法治为政府推进打造共建共治共享社会治理格局提供重要手段，要求政府必须坚持依法行政，严格文明执法，善于运用法治思维和法治方式解决各类社会治理问题，保证社会治理和服务的规范性、科学性和稳定性。另一方面，法治在推进打造共建共治共享社会治理格局中通过义务和责任来规范、制约、限制和监督政府权力，把权力关进制度的笼子里，使各项权力在法治轨道上运行，让权力回归义务本质，增进人民群众的信任、理解和支持，加快建设法治政府和服务型政府。

（四）坚持多元主体共治

现代社会治理的突出特征是强调社会治理过程中的多元化主体开展积极合作与良性互动，通过功能融合和优势互补提升治理效率，降低治理成本。打造共建共治共享社会治理格局是多元主体针对国家治理中的社会问题，完善社会福利，保障改善民生，化解社会矛盾，促进社会公平，推动社会有序和谐发展的过程。坚持多元主体共治作为法治推进打造共建共治共享社会治理格局的基本原则，其意义在于法治精神和法治理念与多元主体共治的现代社会治理实践相互融合。参与主体多元化意味着利益诉求多样化、矛盾复杂化以及责任界限模糊化，把法治理念和要求贯穿到打造共建共治共享社会治理格局的多元利益互动过程中，依法规范参与行为，协调各治理主体关系，实现共建共治共享。政府不再全面统管社会领域，退而成为与企业、社会组织、公民等多方主体的合作者，共同致力于社会事务的治理和公共产品的提供。从这个意义上说，引导、规范、促进和保障多元主体在社会治理中各负其责、有序合作是法治推进打造共建共治共享社会治理格局的必然选择。

四　法治推进打造共建共治共享社会治理格局的具体路径

法治是社会治理的基本准则和手段，全面推行法治，是实现社会治理现代化的最重要标志（魏礼群，2016）。当前，我国社会治理法治建设中存在"有法不依、执法不严、违法不究"等问题，导致法律的权威不足、严肃性不够（刘旺洪，2011）。法治推进打造共建共治共享社会治理格局，意味着把法治理念、法治精神、法治原则和法治方法贯穿到共建共治共享社会治理格局的各个层面，着力提升打造能力和水平，实现新时代社会治理的有序化、规范化和制度化。因此，必须明确树立法治理念、完善法治制度建设、健全法治实施机制、强化法治技术支撑以及加强法治队伍建设，避免法治流于空洞，保障法治变为现实。

（一）明确树立法治理念

理念是行动的先导。法治理念是关于法治的理性化认识，是法治社会的精神支柱（章润，2015）。树立法治理念，实现国家与社会治理模式的转型，是国家治理体系和治理能力现代化建设的应有之义（徐汉明，2014）。法治理念通过影响社会治理主体的思想认识和价值判断来影响社会治理主体的行为。明确树立法治理念，是法治推进打造共建共治共享社会治理格局的逻辑起点。在我国，打造共建共治共享社会治理格局必须明确树立社会主义法治理念。依法治国、执法为民、公平正义、服务大局、党的领导是社会主义法治理念的基本内涵（童之伟，2011）。法治推进打造共建共治共享社会治理格局，首要的就是必须坚持和贯彻社会主义法治理念，运用法治思维和法治方式观察、分析、处理和解决社会治理中出现的问题，自觉将法律付诸社会治理实践，确保社会建设、社会治理和社会服务活动体现法治精神，形成良好的法治环境，实现社会治理各项工作法治化。

（二）完善法治制度建设

法治是"规则之治"，明确告诉人们哪些行为可以做，哪些行为禁止做，哪些行为必须做，从而可以预测自己行为的后果（李龙，2015）。社会治理是运用法律、法规、制度、政策等手段，直接或间接对社会不同领域和各个环节进行服务、协调、组织、监管、控制的过程和活动。社会治理的目标在于实现社会公正，维护社会的可持续性与有效性，促进公民参与社会活动，支撑社会多元的利益格局（刘雪松，宁虹超，2015）。完善法治制度建设是法治推进打造共建共治共享社会治理格局的基本前提，是多元社会治理主体共建共治共享的基本依据。在此，从正式制度和非正式制度两方面完善法治推进打造共建共治共享社会治理格局的法治制度建设。一方面，坚持民主立法、科学立法、开门立法和依法立法的原则，使法治制度建设与打造共建共治共享社会治理格局的实际需求和实践困境有效衔接，提高立法的质量和有效性；另一方面，重视社会规范、风俗习惯、文化传统和道德伦理等非正式制度的作用，运用法治精神和法治原则校验非正式制度，使其更好地与正式制度协调，共同为打造共建共治共享社会治理格局提供制度保障。

（三）健全法治实施机制

法治社会的基本标志和根本要求是实现对社会的依法治理与社会依法自治的有机统一（徐汉明，2014）。法治推进打造共建共治共享社会治理格局要求健全法治实施机制，将法治理念和制度通过机制设计转化为具体行动，保证社会治理格局长期稳定、有效。整体而言，健全的法治实施机制应是包含公权力依法治理与私权利依法自治相结合的法治实施机制（陈晓春，彭燕辉，陈文婕，2017）。就公权力依法治理实施机制而言，主要是确保政府公权力不被滥用，通过法治进一步明晰政府的职能范围与活动边界，严格规范行政裁量权的行使，依法规范和约束公权力的运作；就私权利依法自治实施机制而言，意味着社会组织、社会团体等私主体遵循平等、协商、自愿原则，通过法治规范自身行为，在法律框架下实现依法自治，获取自主的成长和发展空间。

（四）强化法治技术支撑

目前，互联网等新技术在社会治理中的作用已经得到了政府和社会各界的普遍认同（李宇，2016）。以智能化、信息化、网络化为特征的技术手段快速发展并全面融入生产与生活的各个领域，为法治推进打造共建共治共享社会治理格局注入新活力，日益成为未来社会建设发展的新方向。法治推进打造共建共治共享社会治理格局由于其主体多元化，面对社会治理问题复杂化，需要强化大数据、互联网等信息化技术支撑。具体而言，确立互通、合作与共享理念，广泛运用当前各项技术手段，建立信息互通框架，促进信息整合，消除信息障碍，确保法治推进打造共建共治共享社会治理格局过程中信息公开、透明和共享，保障多元社会治理主体的知情权和参与权，提高社会治理的精准性、科学性和有效性。

（五）加强法治队伍建设

法治推进打造共建共治共享社会治理格局的重要载体和环节是加强法治队伍建设。概括来说，法治工作队伍涉及立法、执法、司法、法律服务、涉外法治人才、法学家队伍等领域（刘作翔，2016）。结合打造共建共治共享社会治理格局的法治要求，法治队伍建设需要与社会治理结合起来，构建专门化和职业化的社会治理法治化队伍。一方面，坚持分类指导原则，统筹推进打造共建共治共享社会治理格局的法治队伍建设，针对不同类别的法治队伍制定不同的要求，实现法治队伍建设的个性化、特殊化和类型化；另一方面，加强法治队伍建设的各项制度安排和机制设计，搭建打造共建共治共享社会治理格局法治队伍建设平台，促进人才资源充分配置和流动，提升法治队伍建设的能力与水平。

结　语

党的十九大确立了习近平新时代中国特色社会主义思想的历史地位，描绘了新时代决胜全面建成小康社会、全面建设社会主义现代化国家的宏伟蓝图。基于新时代加强和创新社会治理的现实背景，从价值、制度和能力三个层面深入探讨了法治如何推进打造共建共治共享社会治理格局，指出法治是通过价值、制度和能力层面"三位一体"地作用于打造共建共治共享社会治理格局；强调法治推进打造共建共治共享社会治理格局的过程中，应坚持发挥党建引领、以人民为中心、政府依法负责以及多元主体共治等基本原则；提出明确树立法治理念、完善法治制度建设、健全法治实施机制、强化法治技术支撑以及加强法治队伍建设等是保障法治推进打造共建共治共享社会治理格局的具体路径。此外，在肯定法治积极作用的同时，必须清醒地认识到法治还存在时滞效应、刚性特征和较高成本等局限性。社会治理需要综合运用各种手段，必须辩证、全面地看待法治的作用，将法治与其他手段结合起来，从而实现法治手段的最优化运用。

参考文献

陈晓春，彭燕辉，陈文婕（2017）：《在华境外非政府组织法治化监管研究》，《中国行政管理》，（7），87-91。

陈晓春，彭燕辉，陈文婕（2018）：《从多维度认识共建共治共享社会治理格局的特征》，《经济日报（理论周刊）》，第13版。

江必新（2018）：《以党的十九大精神为指导加强和创新社会治理》，《国家行政学院学报》，（1），23-31。

李步云（1996）：《实行依法治国，建设社会主义法治国家》，《中国法学》，（2），14-27。

李金和（2017）：《习近平以人民为中心的法治化治理思想论析》，《理论导刊》，（10），54-59。

李龙（2015）：《法治新常态刍议》，《社会科学家》，（1），7-11。

李新廷（2016）：《价值、制度与能力——法治提升国家治理体系与治理能力现代化的逻辑与理路》，《武汉科技大学学报》（社会科学版），（3），252-256。

李友梅（2017）：《中国社会治理的新内涵与新作为》，《社会学研究》，（6），27-34。

李宇（2016）：《互联网+社会治理应用探索》，《行政管理改革》，（7），63-67。

刘旺洪（2011）：《社会管理创新与社会治理的法治化》，《法学》，（10），42-46。

刘雪松，宁虹超（2015）：《社会治理与社会治理法治化》，《学习与探索》，（10），69-73。

刘艳菊（2017）：《以人民为中心是新时代中国特色社会主义思想的核心内涵》，光明网，http://economy.gmw.cn/2017-10/25/content_26595798.htm，2017-10-25。

刘作翔（2016）：《法律人才培养应作分类化研究——关于建设高素质法治工作队伍的几点思考》，《人民法院报》，第5版。

任中平，邓超（2014）：《实现社会治理模式转换的现实路径》，《长白学刊》，（4），107-113。

沈宗灵（1992）：《现代西方法理学》，北京：北京大学出版社。

童之伟（2011）：《关于社会主义法治理念之内容构成》，《法学》，（1），15-22。

王春婷（2017）：《社会共治：一个突破多元主体治理合法性窘境的新模式》，《中国行政管理》，（6），30-35。

王名，蔡志鸿，王春婷（2014）：《社会共治：多元主体共同治理的实践探索与制度创新》，《中国行政管理》，（12），16 - 19。

魏礼群（2016）：《从"政府负责"到"政府主导"》，《光明日报》，第 2 版。

习近平（2015）：《加快建设社会主义法治国家》，《求是》，（1），3 - 8。

徐汉明（2014）：《推进国家与社会治理法治化》，《法学》，（11），14 - 19。

徐勇，项继权（2008）：《我们已经进入了风险社会》，《华中师范大学学报》（人文社会科学版），（5），1。

叶青（2017）：《法治是最优治理模式》，《人民日报》，第 19 版。

约瑟夫·拉兹，李林（1990）：《论法治原则》，《环球法律评论》，（5），7 - 10。

张鸣起（2017）：《学习十九大报告重要法治论述笔谈——推进科学立法、民主立法、依法立法，以良法促进发展、保障善治》，《中国法学》，（6），29 - 34。

张文显（2014）：《法治与国家治理现代化》，《中国法学》，（4），5 - 27。

章建忠（2004）：《中共中央关于加强党的执政能力建设的决定》，北京：人民出版社。

章润（2015）：《中国特色社会主义法治理念的创新发展》，《金陵法律评论》，（1），99 - 108。

郑慧（2015）：《论法治对国家治理体系和治理能力的意义与价值》，《社会科学研究》，（2），1 - 5。

Study on the Rule-of-law Approach in Establishing a Social Governance Model Based on Collaboration, Participation, and Common Interests

Peng Yanhui   Chen Xiaochun

Abstract: To establish a social governance model based on collaboration, participation, and common interests is an important measure and an inevitable choice for the party and the country in the new era to strengthen and innovate social governance. The rule of law from the three levels of value, system, and ability to work together to establish a social governance model based on collaboration, participation, and common interests. Advancing the rule of law, establishing a social governance model based on collaboration, participation, and common interests, we must adhere to the basic principles of exerting the party leadership, taking the people as the center, the government's responsibility in accordance with the law, and multi-subjects co-governance. The rule of law to promote establishing a social governance model based on collaboration, participation, and common interests, must be explicitly set up the concept of the rule of law, improve the system of the rule of law construction, improve the rule of law enforcement mechanism, strengthening technical support, and strengthen the rule of law construction of rule of law, to avoid the rule of law into empty, safeguard the rule of law into a reality.

Keywords: Collaboration, Participation, and Common Interests; Social Governance Model; The Rule of Law Approach

（责任编辑：林顺浩）

地 方 实 践

以融合式党建引领"小个专"组织
高质量发展

黄 琦 万 磊[*]

摘 要： 东莞市以提升组织力为重点，以大数据平台为支撑，以党建与经营的协同机制为动能，构建"小个专"融合式党建模式，更好地发挥党组织的政治功能，加强党对"小个专"经济的全面领导，助推"小个专"经济成长壮大，引领基层治理走向现代化。

关键词： 融合式党建 基层治理 社会转型

改革开放40年来，单位制社会逐渐解体，新经济组织蓬勃兴起。习近平总书记指出，非公党建工作在整个党建工作中越来越重要，必须以更大的工作力度扎扎实实抓好。新经济组织中，大型企业毕竟是少数，"小微企业、个体工商户、专业市场"（简称"小个专"）是一支不可忽视的力量。在东莞100多万市场主体中，有87.85%属于"小个专"。占据了市场主体的绝大多数，容纳了就业人口的绝大多数。可以说，做好"小个专"党建工作，就能啃下非公党建、基层党建和基层治理的一块硬骨头。为此，东莞市以提升组织力为重点，以大数据平台为支撑，以党建与经营的协同机制为动能，构建"小个专"融合式党建模式，更好地发挥党组织的政治功能，加强党对"小个专"经济的全面领导，助推"小个专"经济成长壮大，引领基层治理走向现代化。

一 组织空白："小个专"党建的时代课题

"小个专"成为新经济组织的主体，这是由市场经济的本质特点决定

---

[*] 黄琦，中共东莞市委党校市情研究中心主任、副教授；万磊，中共东莞市委党校市情研究中心博士。

的，这就意味着"小个专"会呈现点多、面广、人散、事杂、流动、多变的特点，为党的组织和党的工作有效覆盖带来了极大挑战。

（一）社会转型：市场经济下的"小个专"兴起

市场经济越发达的地区，"小个专"分布越多。随着市场经济的完善，这一趋势将更加明显。作为最具经济活力的城市之一，东莞市有小微企业32.1万户，个体工商户61.9万户，专业市场245个，占全市非公经济组织总数的95%以上，占全部登记在册市场主体的87.85%。"小个专"吸纳了大量就业人员和外来人口，分布了众多流动党员，已经成为基层党建的重要领域。

（二）重心失衡："小个专"党建的行业断裂

"小个专"总体上数量庞大，但单体规模小、分布散，党员人数少，没有大规模地集中在一个固定单位，呈现原子化状态，不便于单独组建党组织；"小个专"注册成立快，关门倒闭也快，市场淘汰率高，人员流动性大，党员动态难以掌握；党员隶属关系复杂，缺少行业纽带与牵头部门，组织关系比较混乱。东莞非公企业党建工作取得了良好成效，涌现出"唯美陶瓷"等先进典型。但是，过去的非公党建主要瞄向大企业。党建领域的"抓大放小"，使在"小个专"组织中就业的庞大人口渗漏在党组织体系之外。

（三）消极粗放："小个专"党建的属地虚化

长期以来，"小个专"党建由镇街、社区"两新组织"党委（支部）负责。"小个专"是经济组织，追求经营利润是第一目标。在"小个专"工作的党员，由于社会地位、劳动收入、知识背景、组织管理等方面都与体制内党员不同，不可避免地导致其先进性有所弱化，党员意识不强。而由社区负责"小个专"党建，无法为"小个专"提供精准个性的服务功能，造成经营与党建两张皮，战斗堡垒作用弱化，不能有效调动"小个专"参加党建的积极性，也就无法有效发挥政治功能。总的说来，"小个专"的党建难题集中体现了党面临的执政考验、改革开放考验、市场经济考验、外部环境考验。

二 融合式党建："小个专"党建的质量提升

"小个专"分布广、流动性强的特点决定了利用大数据技术对其加强管理的独特优势;"小个专"的基层特点和经济属性则决定了必须自下而上、用基层治理的视角破解"小个专"党建问题,寓政治功能于服务功能之中;"小个专"党组织的设置相应也要根据社会结构的特点做出调整。

(一)线上与线下场景融合,建立"小个专"党建新平台

1. 打造"小个专"党员电子身份系统,制作党员身份二维码

东莞"小个专"党建的大数据平台是在社会服务管理"智网工程"系统中添加的一个模块。"智网工程"正在探索将治理与党建相结合,充分发挥"网格化 + 信息化"的联动优势,实现一张基础网格,一组信息系统,一支网格员队伍,一套巡检、报告、处置、反馈的工作机制。在此基础上,"小个专"党建结合"智网工程"商改后续监管系统和手机 App 终端,通过工商部门登记业务采集、网格员巡检采集、个人平台自主申报,广泛采集"小个专"党员数据信息,制作党员身份二维码,与工商部门电子证照双向连通,共建共享,让"小个专"党员在实体门店里主动亮明身份。

2. 建立"小个专"党员活动在线管理平台,丰富虚拟空间活动

新发现的"小个专"党员,户籍党员按其所属党支部管理,流动党员新组建"小个专"党支部,同时搭建"小个专"网上党支部。将"小个专"党组织日常三会一课、党支部选举、志愿活动等功能进行网络化管理。在网络平台上为党员提供活动预告、回顾、注册申请和报名、定位、签到、记录等服务,提升党员对组织活动的体验评价,增加线上、线下组织生活的互动性。

3. 搭建"小个专"党务公开网络载体,优化党员监督评价体系

公示"小个专"党组织的党建责任,开通群众评价板块,让群众随时随地像网络购物一样,对"小个专"党建工作做出点评,构建以"基层党建工作实绩、广大网民评议、上级党组织评价"为一体的监督闭环评价体系。

(二)党建与经营功能融合,提升"小个专"党建引领力

1. 以党建引导守法共治

按照"部门指导、社区监管、物业自治"的原则,梳理"智网工程"商改监督作业清单,广泛发动多个部门进入信息化网格,服务"小个专"。网上监督与线下巡检过程中发现"小个专"不规范经营行为,经系统匹配到

负责人为党员的，将情况推送至该涉事党员所在党组织，要求其按规定及时整改存在的问题。引导基层党组织及党员成为社会服务管理的志愿监督员、服务员，当发现存在无证照经营、消防安全、环境污染等问题时，或有相关的服务需求，党员可通过"智网工程小个专平台"进行问题诉求上报。

2. 以党建促进行业管理

在电子化登记、企业年报、商标培育、守合同重信用活动、日常抽查等环节导入党建功能，将党的政策、党员管理、党组织建设等工作直达"小个专"主体，提升党组织的感召力、凝聚力。在实体经营场所，都张贴党员经营户专用标识，通过让"小个专"经营主体党员亮身份、亮职责、亮承诺、争创经营先锋，来规范商户行为，维护商业秩序。

3. 以党建提升核心竞争力

在"小个专"经营场所，以党建为纽带，建立"党建一站通"服务平台，整合入格部门的服务职能和资源，为企业和群众提供一站式精准服务，实现党建资源互享、政务服务互促和政企沟通互动。设有消费维权服务站的，建立党员参与调处工作机制，激活党员的协助与监督作用。同时，组建党员志愿服务队，协助市场或园区巡检员参与场内或园区内日常建档、巡检和隐患处置等工作。发挥行业管理部门信息多、资源广、服务强的优势，调动"小个专"主体自身积极性，由党组织搭建平台，开展行业论坛、培训讲座、交流对话等活动，提高"小个专"的经营绩效。

（三）纵向与横向组织融合，形成"小个专"党建新格局

1. 明确行业统领

东莞市工商局和东莞市委组织部共同组建"小个专"党建工作领导小组。工商分局党总支直接领导新组建的"小个专"党支部，覆盖全部镇街。实现工商部门党组织对"小个专"党员的直接沟通、直接教育、直接管理，从纵向行业组织加强党建工作统筹。

2. 明确属地托底

按照"党员便于活动，党组织便于发挥作用"的原则，采取"单独建"、"联合建"、"挂靠建"三种方式，探索村企合建、楼宇共建、集群联建等组建渠道，分类指导组建党组织，做到应建尽建，不留空白点。将部分规范性、统一性较强的事务转移至属地党组织，行业党组织专注开展"小个专"相关的个性化活动。形成"党委统一领导，工商部门具体指导，

属地协同推进"的纵向到底、横向到边的"小个专"党建格局。

3. 明确指导辅助

从各工商分局非公党建指导站中选派 3~5 名党建指导员,对口帮扶"小个专"支部,打造一只由工商分局专职副书记、"小个专"党组织书记、党建指导员组成的党建铁军,扭转"小个专"经营主体党建虚化的问题。

三 高质量发展:"小个专"党建的全面绩效

(一) 促进"小个专"党组织蓬勃发展,弥补组织空白

在融合式党建模式的引领下,东莞新组建"小个专"党支部 164 个,形成对"小个专"经营主体的党组织全面覆盖,加强了党对经济工作的全面领导。"小个专"党员数量由原来的 452 人增加到 1725 人,有 1140 名"口袋党员"重新回到党组织的温暖怀抱,重新点燃作为共产党员的自豪感和对党组织的认同度。

(二) 助推"小个专"经营主体成长壮大,提升经济成效

"小个专"商户主动加入自查自律的队伍,守法诚信经营意识明显提高,投诉少了,纠纷少了,人气旺了。"小个专"党建搭建了创业就业、发挥作用的平台,帮助党员群众体现价值、增收致富,将党支部、党员、员工紧紧拧成一股绳,更加坚定了企业和党员等优质人才在东莞投资发展的决心和信心。2018 年 1~8 月,东莞市新登记各类市场主体 180020 户,其中,新登记个体工商户 98218 户,资金数额 42.59 亿元,同比分别增长43.70% 和 42.62%。在日常生产生活中,所有党员主动佩戴党徽,主动亮明身份,积极参与社会矛盾化解工作,党员经营户生意越来越红火,整个"小个专"市场营商环境也变得更加优化和健康,有效推动了经济社会高质量发展,释放出强大的"红色效应"。

(三) 实现"小个专"党建与治理共进,引领高质量发展

"小个专"党组织作用与企业发展、党员创业、社会管理相结合,越来越多的经营业主自发加入支持党建、推动党建的行列,加强行业自律,强化社会责任,高质量党建成为"小个专"经济高质量发展、推动基层治理现代化的翅膀。

粤港澳大湾区：时代背景、机遇挑战与思路探析

曹秋静*

摘　要：中国特色社会主义进入新时代，粤港澳合作也站到了新的历史时点。粤港澳大湾区发展规划公布，本文将从国际维度、国内维度和湾区维度，以"趋势"、"布局"、"优势"三个关键词梳理粤港澳大湾区提出的时代背景，据此分析粤港澳大湾区战略背景下存在的机遇与面临的挑战，最后从顶层设计、设施建设、协同创新、平台建设、互学互鉴和人才高地建设六个方面提出粤港澳大湾区建设的对策建议。

关键词：粤港澳大湾区　开放　融合

一　时代背景

2017年3月，"粤港澳大湾区"正式写入政府工作报告，在政府的引领下，媒体、学界、企业纷纷关注大湾区。粤港澳大湾区之所以引起如此之大的反响，根源在于它诞生的时代背景，以下将从国际维度、国内维度与湾区维度回顾粤港澳大湾区的提出背景。

（一）国际维度：趋势

1. 全球贸易中心向东移动的趋势已成定然

从全球贸易格局的发展历程来看，全球贸易中心经历了环大西洋贸易向环太平洋贸易演进的阶段，未来将很有可能会进入环印度洋贸易阶段。具体而言，15世纪到20世纪初，两次工业革命催生了以机械、贸易为代表的产业发展，促进了环大西洋贸易的兴起。20世纪中叶到21世纪初，新一

---

*　曹秋静，女，硕士，河北唐山人，中共东莞市委党校讲师，研究方向为开放型经济。

轮科技革命蓬勃发展，促进了环太平洋贸易的兴起。未来，以中国、东盟和南亚为代表的环印度洋贸易圈将成为拉动全球贸易发展的重要引擎。粤港澳大湾区正处于环太平洋贸易圈与环印度洋贸易圈相交汇的重要空间，是"一带一路"特别是"21世纪海上丝绸之路"的一个重要沿线枢纽。粤港澳大湾区的区位优势凸显，优质要素高度集聚，有望成为环太平洋贸易向环印度洋贸易转移的国际大通道。

2. 湾区经济成为全球经济发展的第一方阵

历数世界上海湾有数千个，知名海湾城市也有几百个，但真正对本国经济产生重要辐射作用，对世界经济产生深刻影响的湾区，全球公认的只有三个，分别是东京湾区、纽约湾区和旧金山湾区。以上三大湾区因不同的产业发展路径被冠以不同的标签。东京湾区是典型的产业湾区，其以33%的人口比重和2.6%的土地创造了占日本2/3的经济总量和3/4的工业产值，成为国际金融中心、交通中心、商贸中心和消费中心，也是日本最大的工业城市群。纽约湾区是著名的金融湾区，其以10%的人口比重和0.3%的土地创造了占美国1/3的制造业产值，拥有世界500强企业超过60家。旧金山湾区以3%的人口比重和0.25%的土地形成了一个以硅谷为典型的知识驱动型的湾区。粤港澳大湾区是以广州、深圳、珠海、中山、佛山、肇庆、江门、东莞和惠州9个城市，以及香港、澳门2个特别行政区组成的"9+2"城市群。这11个城市以不到全国0.6%的土地面积和4.8%的人口，创造了全国约12%的经济总量，发展潜力巨大。

（二）国内维度：布局

1. 港澳深度融入国家发展大局亟须创新平台建设

粤港澳合作早已有之，中央之所以提出粤港澳大湾区建设，就是希望通过大湾区的跨境整合，让香港、澳门深度融入国家改革发展的大局，实现粤港澳三地在政治、经济、文化方面的深度融合。在新的契机下，粤港澳三地在很多方面是可以相互支撑的：一方面，港澳之于内地在对外开放、科技创新方面具有不可比拟的优势；另一方面，港澳却在产业空心化和人口老龄化方面亟待改观。借此，内地城市可以更多借鉴港澳在经济发展、社会治理等方面的成熟经验，港澳也能在大湾区发展中寻找新的增长动能与新的发展优势。

2. 突破中国经济增长瓶颈亟须创新发展模式

十九大报告中称，中国正前所未有地走近世界舞台的中央。改革开放

40 年的风雨历程佐证了这一点：2009 年中国经济总量超越日本成为世界第二大经济体，2010 年中国出口总量超越德国成为世界第一大出口国，2013 年中国进出口总量超越美国成为世界第一大贸易国，2017 年中国经济总量突破 82 万亿元，相当于英国、印度、法国、意大利、巴西、加拿大经济总量之和。然而，我国经济发展也面临来自国内外的双重调整，一方面逆全球化思潮抬头，各国不愿遵循传统的国际分工，纷纷提出重振制造业，我国正面临高端制造回流低端制造分流的困局；另一方面，中国制造业传统要素红利逐渐消失，正面临着成本上升、资源环境约束、消费升级等多重挑战。在此背景下，亟须构建新的空间引擎来引领我国经济走出困局。在区域经济层面，国家采取两种截然不同的试验模式：一个是高标准设立雄安新区；另一个是全力推进粤港澳大湾区建设。如果说雄安新区是在一个没有现代产业、社会综合运营成本非常低的地方，导入新的社会制度，而粤港澳大湾区则是在一个现代产业相对发达的区域，通过体制机制创新，实施区域经济资源的高配置与大融合，引导粤港澳合作迈向新征程。粤港澳大湾区不仅有国际化程度最高的香港，有国内最先进入创新型城市的深圳，有区域性综合门户城市广州，还有像佛山、东莞等配套齐全的制造之城，这种产业基础和市场背景决定了粤港澳大湾区最有条件承担国家创新型战略的重大任务。

3. 形成全面开放新格局急需重要抓手

2018 年 3 月 7 日，习近平总书记在参加十三届全国人大一次会议广东代表团审议时对广东提出"四个走在全国前列"的要求，其中之一是要求广东要在形成全面开放新格局中走在全国前列，重点强调广东要抓住粤港澳大湾区重大机遇，携手港澳加快推进相关工作，打造一流湾区与世界级城市群。这是鉴于广东开放的基础与地位提出的明确要求，改革开放是从广东开始的，广东的开放是从珠三角起步的，中国要继续前行，还需要一个引领者，扛起新一轮改革开放的大旗。粤港澳大湾区作为中国改革开放的先导区，应承担进一步率先全面开放的历史使命，通过试点，摸索经验，向全国推广。

（三）湾区维度：优势

1. 粤港澳大湾区是地方政策到国家实践的历史演化

粤港澳大湾区的酝酿、提出到实践具有深厚的政策基础。2014 年，深圳市政府工作报告中首次提出"湾区经济"。2015 年，广东省委十一届五次全会发布了广东省"十三五"规划建议，建议提出"创新粤港澳合作机制，打造粤港澳大湾区，形成最具发展空间和增长潜力的世界级经济区域"。2017 年 3 月，李克强总理在政府工作报告中提出"研究粤港澳大湾区城市群发展规划"，粤港澳大湾区纳入顶层设计。2017 年 10 月，党的十九大报告进一步提出"以粤港澳大湾区建设为重点"，这意味着粤港澳大湾区建设将步入快车道。至此，我国区域空间版图日渐清晰，已形成了北有京津冀一体化、中有长江经济带、南有粤港澳大湾区的区域空间格局。

2. 粤港澳大湾区具有独特属性

粤港澳大湾区作为中国三大湾区之一，具有独特的政治属性、经济属性和文化属性。（1）政治属性。从李克强总理的政府工作报告到国家的"十三五"规划，再到党的十九大报告，谈及粤港澳大湾区概念时，既不是在区域发展也不是在经济发展的标题项下，而是放在了"坚持一国两制、推进祖国统一"的内容项下，由此可见粤港澳大湾区和其他城市群最重要的区别是它在坚持"一国两制"、维护祖国统一和港澳长期繁荣稳定中承担重要使命。（2）经济属性。这个区域不仅是我国经济三大核心区之一，还是我国对内改革的先行者、对外开放的重要窗口。香港是国际金融中心、航运中心、贸易中心，澳门是世界旅游休闲中心，广东是我国改革开放的前沿，经济总量处于领先地位。（3）文化属性。粤港澳三地地域相连、文化同源，具有共同发展的命脉与根基；但它又是一个跨制度的区域，这就为求同存异提供了广阔的合作空间。总体而言，粤港澳大湾区具有较强的对外开放属性，而且在体制机制创新上也更加灵活和便利，真正能在形成全面开放新格局中起到示范效应。

二　机遇与挑战

（一）发展机遇

1. 经济全球化纵深发展

世界多极化、经济全球化、文化多样化、社会信息化深入发展，国际交流日益频繁，各种思想相互包容，不同文化日益交融，为大湾区提升国际竞争力与影响力提供了良好的外部环境；新一轮科技革命和产业变革蓬勃发展，大量颠覆性技术与成果不断涌现，为大湾区成为国际产业创新创业策源地提供了新机遇。

2. 开放型经济蓬勃发展

粤港澳大湾区开放型经济发展基础坚实，同时拥有香港和澳门两个国际自由港，深圳和珠海两个经济特区，以及广州南沙、深圳前海、珠海横琴三个自由贸易试验区，在开放发展的空间布局、体制机制建设等方面在全国具有领先优势。在国家"一带一路"倡议之下，粤港澳大湾区要充分发挥港澳的独特优势，积极对标国际一流湾区，以更高层次、更高水平、更高标准参与国际合作和竞争。

3. 全面深化改革步入新阶段

40 年前，中国从计划经济向市场经济转型，就是在粤港澳地区首先尝试经济特区政策和经济开发区政策。40 年后，凭借高度的开放水平与独特的制度优势，粤港澳大湾区再次成为改革的先锋。乘着全面深化改革的东风，粤港澳大湾区在创新发展体制机制上必将释放更大的活力。

（二）面临挑战

1. 城市本位制约发展

粤港澳大湾区"9＋2"各城市在参与湾区建设中均有各自的利益诉求，不可避免地显现出一种竞争心态，都希望借力湾区发展，从中争取尽可能多的政策红利。因而，不论是重要枢纽布局还是重点平台建设，各地大多以城市本位为出发点，而非立足湾区一体化发展的角度全盘考虑，涉及重大项目往往会出现"一落地就争、不落地就两空"的困局。而在产业技术、公共服务等领域往往会呈现一种快餐式的合作模式，导致很多标准无法衔接，阻碍了湾区一体化发展。

2. 发展定位尚未错位

2017 年 7 月 1 日，国家发展和改革委员会联合广东省人民政府、香港特别行政区和澳门特别行政区共同签署的《深化粤港澳合作 推进大湾区建设框架协议》（以下简称《框架协议》）中对粤港澳三地的定位精准而分明。《框架协议》要求强化广东作为全国改革开放先行区、经济发展重要引擎的作用，构建科技、产业创新中心和先进制造业、现代服务业基地；巩固和提升香港国际金融、航运、贸易三大中心地位，强化全球离岸人民币业务枢纽地位和国际资产管理中心功能，推动专业服务和创新及科技事业发展，建设亚太区国际法律及解决争议服务中心；推进澳门建设世界旅游休闲中心，打造中国与葡语国家商贸合作服务平台，建设以中华文化为主流、多元文化共存的交流合作基地。然而，具体到广东省九个城市，部分城市同质化竞争现象明显。比如佛山突出打造大湾区"制造业创新中心"，东莞提出建立大湾区"国际制造中心"，二者同是制造中心的定位，未能体现错位发展的思路。

3. 跨境协调难度较大

粤港澳大湾区是一个跨制度的区域安排，概况来讲就是"一国两制三区"。珠三角九市实行社会主义制度，分属于"大陆法系"；香港、澳门作为特别行政区，实行资本主义制度，分属于"海洋法系"。粤港澳三地隶属不同的关税区，香港和澳门有百年自由港的历史积淀，在经济和政治上都享有比内地省市更大的决策权和自主权。因而，粤港澳大湾区不仅是跨越地理空间边界的跨区域整合，更是超越不同政治制度、经济制度、文化制度的大融合和高配置。基于发展主体、发展理念的差异，在时间、空间、制度等多重阻隔之下，湾区内部实现人流、物流、资金流、信息流高效流动的难度可想而知。

四 对策建议

（一）注重顶层设计，服务国家战略

粤港澳大湾区各城市在政治、经济、法律等诸多方面存在一定的差异性，如何在"一国两制"的框架之下，通过顶层设计，体制机制创新以及政策衔接，让彼此差异带来的风险最小化、收益最大化，是我们需要考量的关键问题。（1）加强政策衔接。在遵循国家总体方案的前提之下，各城市尽快出台地方版本的对接方案。（2）注重规划引领。将湾区视为统一整体，以湾区本位替代城市本位来谋划湾区可持续的发展规划。（3）促进区域协调。各城市间，不论是经济发展还是公共服务领域都要密切加强区域协调，促进湾区高质量平衡发展。

（二）完善基础设施网络，提升湾区一体化水平

从世界级湾区的经验来看，区域经济发展得益于打破孤立、单一的区域运输方式，走向综合、协调的一体化交通网络模式。粤港澳大湾区在谋划基础设施建设方面可遵循以下逻辑：（1）加强区内协同提升更高质量的

一体化水平。打破各自为政的行政区划格局，以系统性、整体性思维指导基础设施的建设，加强区内基础设施高效互联互通。（2）促进内外联动提升更宽领域的一体化水平。将粤港澳大湾区视为统一的整体，加强湾区内外的连接，提升湾区对外辐射力。（3）坚持海陆空并举提升更深层次的一体化水平。不同运输方式有各自辐射的有效距离，只有海上、陆上、空中多种运输方式并驾齐驱才能在更深层次上提升湾区的一体化水平。

（三）共建广深港澳科创走廊，加强区域协同创新

创新走廊是湾区创新发展的主要承载区。历数世界三大知名湾区发展都得益于创新走廊的引领示范作用。旧金山湾区以美国硅谷101号公路为代表，纽约湾区以美国波士顿128号公路为代表，东京湾区代表是东京—横滨—筑波创新带。2017年广东省十二次党代会提出要打造广深科技创新走廊，如今，广深科创走廊范围延伸到了港澳。广深港澳科创走廊的提出就是为了对标以上国家的知名湾区，通过实施创新驱动战略，助力湾区发展。广深港澳科创走廊不是再建一个走廊，而是相当于一条"创新链"，串联起广深莞港澳之间的创新资源。在此区域通过资源整合、产业升级、城市更新等，促使珠江口东岸的研究机构、创新研究项目等创新资源都向这个新轴线区域布局聚拢。

（四）支持重点平台建设，积极融入湾区发展

在国家推动粤港澳大湾区的背景下，湾区各市均提前环湾布局城市重点平台，积极参与湾区建设。广东要依托三大自贸试验区，对接香港国际金融、航运、贸易中心及澳门世界旅游休闲中心和中国与葡语系国家商贸合作服务平台，共同打造新时期高水平对外开放的门户枢纽。同时，要支持粤港澳共建江门大广海湾经济区、中山粤澳全面合作示范区及东莞滨海湾新区等特色合作平台建设，促进粤港澳合作向纵深发展。

（五）提升互学互鉴水平，助力湾区跨越式发展

（1）向世界级湾区学习。粤港澳大湾区要同纽约湾区、旧金山湾区和东京湾区之间建立起合作伙伴关系，同时粤港澳大湾区各城市与三大湾区城市精准对标、深入学习。如旧金山湾区中的各城市中，广州更像是奥克兰，发挥科研院所与高等院校集聚的优势，建成"创新大脑"；深圳更像是

旧金山，发挥高新技术企业集聚、市场化程度高的优势，建成"创新引擎"；东莞更像是圣何塞，发挥大企业总部和生产制造优势，为湾区发展提供生产配套支撑。（2）湾区城市间相互学习。湾区内城市间要在创新驱动、基础设施互联互通、智库建设等方面相互取经。特别是在智库建设方面，粤港澳大湾区研究院、中山大学粤港澳发展研究院、广外粤港澳大湾区研究院及中国（深圳）综合开发研究院在粤港澳大湾区研究中均形成了具有一定影响力的前期研究成果，广州、深圳以外的其他城市同样应该培育建设本土智库，为湾区发展建言献策。（3）向湾区试点试验区学习。改革与创新成本风险最小化的方式就是进行试点试验。由此，粤港澳大湾区内城市要向湾区中的三大自贸试验区、落马洲河套地区、珠澳跨境工业区等区域学习复制先进经验模式。

（六）集聚人力资源，建设人才高地

党的十九大报告指出，人才是实现民族振兴、赢得国际竞争主动的战略资源。粤港澳大湾区要建成国际一流湾区与世界级城市群，就是要以人才为第一资源、创新为第一动力，形成湾区发展的核心竞争力，引领湾区的技术创新与制度变革。（1）深化人才发展体制机制，破除制约人才流动的体制壁垒，进一步发挥市场在人才资源配置中的决定作用；（2）注重人才引进与培养相结合，建立城市内外公平合理的人才激励机制；（3）共建大湾区优质生活圈，为人才发展提供教育、医疗、居住、商贸金融等城市配套。

参考文献

李晓莉，申明浩（2017）：《新一轮对外开放背景下粤港澳大湾区发展战略和建设路径探讨》，《国际经贸探索》，（9）。

刘云刚，侯璐璐，许志桦（2018）：《粤港澳大湾区跨境区域协调：现状、问题与展望》，《城市观察》，（1）。

申明浩，杨永聪（2017）：《国际湾区实践对粤港澳大湾区建设的启示》，《发展改革理论与实践》，（7）。

申勇，马忠新（2017）：《构筑湾区经济引领的对外开放新格局——基于粤港澳大湾区开放度的实证分析》，《上海行政学院学报》，（1）。

袁宏舟（2018）：《浅析香港在粤港澳大湾区建设中的作用》，《宏观经济管理》，（7）。

钟韵，胡晓华（2017）：《粤港澳大湾区的构建与制度创新：理论基础与实施机制》，《城市观察》，（12）。

稿　约

1. 《社会建设研究》(*Social Empowerment Studies*) 是致力于现代社会建设和社会治理创新研究的专业学术出版物,由清华大学公共管理学院 NGO 研究所和东莞社会建设研究院联合主办,明德公益研究中心承办,暂定每年出版两卷。《社会建设研究》秉持学术宗旨,采用专家匿名审稿制度,评审标准以学术价值、学术规范为依据,鼓励理论和方法创新,尤其欢迎青年学者以及博士研究生投稿。

2. 《社会建设研究》设"主题对话""案例研究""他山之石""学术新知""文献评述""前沿书评"等栏目,刊登多种体裁的学术作品。具体涉及社会治理创新(跨域治理、基层自治、互联网治理)、社会政策(社会保障、公共服务、公共事业)、社会发展(公民参与、社会组织发展、公益慈善)、普惠金融(民间金融、公益金融、公益创新)等相关领域。

3. 来稿须为作者本人的研究成果。作者应保证对其作品具有著作权并不侵犯其他个人或组织的著作权。译作者应保证译本未侵犯原作者或出版者的任何可能的权利,并在可能的损害产生时自行承担损害赔偿责任。

4. 《社会建设研究》热诚欢迎国内外学者将已经出版的论著赠予本刊编辑部,备"前沿书评"栏目之用,营造健康、前沿的学术研讨氛围。

5. 《社会建设研究》刊载的部分论文和书评,经与作者协商后可以进一步翻译为英文,刊登在英文刊物 *China Nonprofit Review* 上。

6. 根据国内外权威学术刊物的惯例,《社会建设研究》要求来稿必须符合学术规范,在理论上有所创新,或在资料的收集和分析上有所贡献;书评以评论为主,其中所涉及的著作内容简介不超过全文篇幅的四分之一,所选著作以近年出版的本领域重要著作为佳。

7. 来稿切勿一稿数投,本刊恕不退稿,投稿一个月内作者会收到评审意见。

8.《社会建设研究》鼓励学术创新、探讨和争鸣，所刊文章不代表本刊编辑部立场，未经授权，不得转载、翻译。

9.《社会建设研究》集刊以及 *China Nonprofit Review* 所刊载文章的版权属于《社会建设研究》编辑部所有；但在本刊所发文章的观点均属作者个人观点，不代表本刊立场。本声明最终解释权归《社会建设研究》编辑部所有。本刊不向作者支付稿酬，文章一经刊出，编辑部向作者寄赠当期刊物 2 本。

10. 作者投稿时，可选择电子投稿或者纸质投稿。电子稿件请发至：socialempowerment@ 163. com。纸质投稿请寄至：北京市海淀区清华大学公共管理学院 309 室《社会建设研究》编辑部，邮编：100084。

来稿体例

1. 各栏目内容和字数要求：

"案例研究"栏目发表社会建设和社会治理领域的原创性研究成果，主要围绕相关领域的实际运行情况进行描述和分析，鼓励理论和方法创新，字数以8000～15000字为宜。案例应包括以下内容：事实描述，理论框架，运用理论框架对事实的分析以及对相关理论的修正或者贡献。有关事实内容，要求准确具体。

"他山之石"栏目发表社会建设、社会治理领域港澳台地区以及国际的相关研究成果，以国际经验、模式以及比较研究为主，字数以8000～15000字为宜。

"学术新知"栏目主要发表青年学者（包括博士研究生）的最新研究发现和研究动态，鼓励新思想、新方法、新理论，字数以5000～15000字为宜。

"文献评述"栏目刊登国内外社会建设和社会治理相关主题的研究现状和前沿介绍、文献综述等，字数以6000～10000字为宜。

"前沿书评"栏目评介重要的社会建设、社会治理研究著作，字数以5000～8000字为宜。

2. 稿件第一页应包括如下信息：（1）文章标题；（2）作者姓名、单位、通信地址、邮编、电话与电子邮箱。

3. 稿件第二页应提供以下信息：（1）文章中、英文标题；（2）不超过400字的中文摘要，不超过400字的英文摘要；（3）2～5个中文关键词和英文关键词。

4. 稿件正文内各级标题按"一、""（一）""1.""（1）"的层次设置，其中"1."以下（不包括"1."）层次标题不单占行，与正文连排。

文章标题及文内标题基本格式：

行间距 24 磅。

中文标题：黑体，三号，居中，空一行。

英文标题：Calibri，三号，居中，空一行。

作者：宋体，小四号，加粗，居中，空三行。

英文作者：Times New Roman，小四号，倾斜，居中，空两行。

中文摘要：【摘要】和【关键词】，五号宋体加粗，空两格；摘要内容五号宋体；每个关键词之间空两格，空一行。

英文摘要：Abstract：Times New Roman，五号加粗，空两格，摘要内容 Times New Roman，五号；每个关键词之间加分号，空一行。

正文内标题：

"一"宋体，四号，加粗，居中，前后空一行；

"（一）"宋体，小四号，加粗，空两格，前后空一行；

"1."宋体，小四号，加粗，空两格，前后不空行。

正文内容：中文宋体，小四号，英文 Times New Roman，小四号。

参考文献："参考文献"四个字，黑体五号，空一行。

5. 各类表、图等，均分别用阿拉伯数字连续编号，后空一格并注明图、表名称；图编号及名称置于图下端，表编号及名称置于表上端。

6. 本刊刊用的文稿，采用国际社会科学界通用的"页内注＋参考文献"方式。

基本要求：说明性注释采用当页脚注形式。注释序号用①，②，③，……标识，每页单独排序。文献引用采用页内注，基本格式为：书目（作者，年份：页码），期刊（作者，年份）。外国人名在页内注中只出现姓（容易混淆者除外），主编、编著、编译等字眼以及译文作者国别等字眼都无须在页内注里出现，但这些都必须在参考文献中注明。

文末列明相应参考文献，参考文献中外文分列（英、法、德等西语可并列，日语、俄语等应分列）。中文参考文献按照作者姓氏汉语拼音音序排列，外文参考文献按照作者姓氏首字母排序。基本格式为：

中文宋体，小五号，空两格。

英文 Times New Roman，小五号，空两格。

作者（书出版年份）：《书名》（版次），译者，卷数，出版地：出版社。

作者（文章发表年份）：《文章名》，《所刊载书刊名》，期数，刊载页码。

英文采用 APA 格式。

举例：

宋亚娟（2011）：《从国家中的社会到国家与社会共治》，《社会建设研究》，（3）：1 - 18。

费孝通（1998）：《乡土社会、生育制度》，北京：北京大学出版社。

Davis, D. (1995). *Urban Spaces in Contemporary China: The Potential for Autonomy and Community in Post-Mao China*, Cambridge University Press.

Wellman, B. & Leighton, B. (1979). "Networks, Neighborhoods, and Communities Approaches to the Study of the Community Question", *Urban Affairs Review*, 14 (3): 363 - 390.

图书在版编目（CIP）数据

社会建设研究. 第八辑 / 王名，陈健秋主编. —— 北京：社会科学文献出版社，2018.12
ISBN 978 - 7 - 5097 - 6664 - 4

Ⅰ. ①社… Ⅱ. ①王… ②陈… Ⅲ. ①社会发展 - 研究 - 中国 Ⅳ. ①D668

中国版本图书馆 CIP 数据核字（2018）第 295218 号

社会建设研究 （第八辑）

主　　编／王　名　陈健秋

出 版 人／谢寿光
项目统筹／王　绯　黄金平
责任编辑／黄金平

出　　版／社会科学文献出版社·社会政法分社（010）59367156
　　　　　地址：北京市北三环中路甲29号院华龙大厦　邮编：100029
　　　　　网址：www.ssap.com.cn
发　　行／市场营销中心（010）59367081　59367083
印　　装／三河市尚艺印装有限公司

规　　格／开　本：787mm×1092mm　1/16
　　　　　印　张：10.25　字　数：165千字
版　　次／2018年12月第1版　2018年12月第1次印刷
书　　号／ISBN 978 - 7 - 5097 - 6664 - 4
定　　价／65.00元

本书如有印装质量问题，请与读者服务中心（010 - 59367028）联系